「自分で決めてできる」子どもが育つ

お手伝い至上主義！

3章 グローバル社会に向けたトレーニング

はじめに

この本は、2011年3月にプレジデント社から出版された『お手伝い至上主義でいこう!』の増補改訂版です。データや内容を最新のものとするとともに、「三谷家の子育てのその後」をエピローグ後半として書き足しています。(242〜259頁)　あれから5年半がたち、大学1年(19歳)だった長女は社会人3年目に、高2(17歳)だった次女は大学を卒業、中1(13歳)だった三女はバリバリの大学受験生活を乗り切りました。

果たしてここまで、「ヒマ・貧乏・お手伝い」の成果は、どうだったのでしょうか。彼女らの意思決定や行動は、どんなものであったのでしょうか。

旧版の副題では「子どもの就職力を高める……」と謳《うた》っていましたが、長女や次女はちゃんと、就職(内定)できたのでしょうか。「高校出たら美容専門学校に」といっていた三女は、なぜ大学進学へと舵を切ったのでしょうか。

前回の執筆時点(2011年)から考えれば、その後、世界は文字通り大きく動きました。「東日本大震災」「ISなど国際テロ・欧米の不安定化」「スマートフォン普及(世界で年間15億台)」「大学入試改革(2020年度から)」などなど。

でもそれらによって、「未来を生きる子どもたち」に求められることは、より明確になったと私は感じます。

未来を見通すことなど誰にもできません。いまある知識の蓄積や検索能力などではなく、新しい知識をつくり、使いこなし、そして自ら行動する力こそが、子どもたちの生きる力となるのです。

しかし、首都圏など大都市圏で過熱する小中学受験は、多くの「燃え尽きた子どもたち」「生きる力に欠けた子どもたち」を生んでいます。

毎日長時間に及ぶ学習塾通いのために、すべてを準備し子どもに何もさせない親、学校に対して「負担だから宿題を出すな」と要求する親。結構、普通に見かけます。

それでは、ダメなのです。勉強はできても、働くことの意味を知らない、段取りの下手な、仲間のいない、ひいては社会人力、就職力のない若者になってしまうのです。自立どころか、ニートまっしぐらの道です。

そこからどうやったら抜け出せるでしょう？

「与えすぎない」「ヒマ・貧乏・お手伝い」「放牧型イベント」が、私が出した答えなのですが、それがこの本でうまく伝わればと思います。お楽しみください。

プロローグ

なぜ「ヒマ・貧乏・お手伝い」なのか？

モノローグ 1

長女サクラ（19歳）

昨日お父さんからメールが来た。「**お手伝いの本を書くから手伝って**」って。

そう言えば私たち姉妹はずっと、お父さんが書く本の、校正のお手伝いをしてきた。家事手伝いならぬ家業手伝いだね。今回は原稿書き（一部）だからバイト代が出るらしいっ。

今度の本は「ヒマ・貧乏・お手伝い」がテーマらしいけど、**お手伝い**（含む自室の片付け）と聞くと、「うっ」って思う。

部屋が片付かないっていうだけで、高2の春まで携帯電話を持たせてもらえなかったしね。あれは、つらかった。なんせ、通ってた高校で、ケータイ持ってないのは私だけ（最初は2人いたけど半年たったら私ひとり……）。学校にたった1台あった公衆電話もＮＴＴが撤去しちゃうし……まったくひどい話だ。

でも家事をみんなで分担するのは、当たり前のことだって思う。ときどき「家事を全然やらない」って平気で言ってる人とか見ると、不思議に思う。お母さんに全部やらせたら大変じゃないか。

貧乏だと思ったことはあんまりないんだけど、中高ではちょっと大変なときもあった。

友だちにディズニーランド誘われても、私はパス！　だってもっと大事なもの（卓球のラケットのラバーとか）があったから。メリハリつけないと、生きていけない。

でも結局、買い食いに結構使っちゃったりして、ミライ（次女）には「お姉ちゃんはムダ遣いが多いんだよ」って言われる。

ヒマかと言われると、そんなことはまったくない。

私ほど時間を有意義に使ってる大学生って、滅多にいないんじゃないかな。

毎朝学校行って、講義受けて、調理実習して、夕方には隣の大学までほぼ毎日卓球しに行って、ひとり暮らしだから自炊して洗濯して、ときどき追試の勉強して、一日50通くらいメールして、本読んで、いろいろ空想して。テレビがなくても全然困らないというか見てるヒマない。

おかげで最近かなり世情に疎い。中1のアオイ（三女）に世間常識で負けてて、真剣にやばい。

こういうことは全部、自分で決めたこと。誰かに押しつけられたものはひとつもない。

子どもの頃からそうだったな。お手伝いは絶対だけど、習いごとも塾も強制はゼロ。テレビもゲームもパソコンもあるけど、1日まとめて30分まで。

だからそれ以外で「自分の時間」がいっぱい。どう楽しく使うか必死だったな。何時間もかけて家の中に秘密基地つくったり。

あ、でもそれがヒマだってことか。

学習塾なんて、行けと言われないどころか、行かせてくれとただ頼んでもダメで、実地調査と報告書を出して初めて検討してもらえた（笑）

お母さんと、塾を何軒も回ったなぁ。

特に高校時代は、勉強しろって言われずに、お手伝いしろってばかり言われたから、逆に一生懸命勉強してた。

う〜ん、実は親の思うツボにはまっていたのかも……？


高校や大学を選ぶときもそうだった。

「もっとちゃんと調べろ、ネットだけじゃダメだ、在校生や卒業生と会って話は聞いたのか」って、もぉ〜。なんでも私に考えさせてくれることは、結構楽しくて、でも調べたりとか、まとめたりとか、やり始めるまでがとっても面倒だった。いや、いまでもだけど。でもそういう作業があったから、納得して今の大学に通ってるんだと思う。

そう言えば大失恋で落ち込んで、受験勉強にもまったく身が入らなかった高3の夏、卓球ばかりやってた私はお父さんから、

「やる気ないなら、働きなさい。1年でも2年でも毎日卓球して過ごせばいいよ」

「それで、どうしても勉強したくなったら大学に行けばいい」

「そしたらお金出してあげるから」

って言われた。あれは、さすがにビビった。でも、そういう道もあるんだって考えて、その道を選ぶか、大学に進学したいのかを真剣に考えて、大学で勉強したいって思ったから、受験勉強にやる気が出た。

家探しも面白かった。いや、結果論だけどね。

大学に入って一人暮らしをすることになって、住むところを探しに行った。でも慣れない土地で不動産屋さんの場所がわからなくて、やっと見つけた一軒だけ行って、現物を見ずに間取り図だけ見て決めて「ここがいい」「新しいし」ってお父さんに報告したら、ものすごく怒られた。「ふざけるな」「見ないで決めることはあり得ない」って。

翌日、早朝から現地入りしてまじめに家探しを（イヤイヤ）やり始めたら、すぐになんか楽しくなっちゃった。大家さん（の妹さん）の苦労話《ぐち》を、い〜っぱい聞いたり。結局、1日で12軒、見ました。

あれだけ頑張ったら、「私、もう家探しのプロかもしれない」って感じ（笑）

こんな子育て（私たちへの仕打ち）を、お父さんがどこかで、ＰＴＡ役員の人たち（9割お母さん）が集まるところで話したら、「相当、浮世離れした子育てをされているようですけれど……」と言われたらしい。

浮世離れって、まったく**イマドキ**じゃない、ってことだよね。

う〜ん、うすうす気がついていたけれど、やっぱりそうか（笑）

いや、でも、私の周りにはもっとすごい子もいるしねぇ。浪人しちゃったけど予備校のお金を親の負担にしたくないから、1年の前半はバイトしてあと半分の予備校の学費を稼いだA君とか、親から大学の学費をすべて請求されて、数年かけて返済したメグミさんとか。

ま、私たちはすごく恵まれてるって思う。姉妹3人仲良しだし、みんな、なんだかんだ言って強いし。

これから、私たちがどうなるかはまだまだわからないけれど、少なくとも**自分が子どもを育てるときにマネしてみようかな**、って思える部分は結構ある。ちょっとだけ、自信ないけど（笑）

困ったら、しっかりものの妹たちにでも助けてもらおう。

さてと、お父さんに頼まれた原稿書きしなきゃ。プロフェッサー級[※1]のタイピングの速さが役立つときが来たか！

※1 毎分260ストローク以上でS級。プロフェッサー級はその6階級上で毎分400ストローク以上。

モノローグ **2**

父（47歳）

君たちが生まれる前からお父さんにはいろいろ決めていたことがある。

・子どもたちには家の**お手伝い**をしっかりさせる
・**お小遣い**は絞るが、使い道は任せる
・**学習塾**には本人が「どうしても」と言わない限りは行かせない
・**進路**の決め方には口を出すが、決めたことには口を出さない
・**あいさつ**と歯磨きは徹底する
・途中で**方針**を変えない、夫婦間で方針をずらさない

でもこれらのほとんどは受け売りなんだ。お父さんの親たちからのね。
自分がよかったと思うことは、繰り返す。
どうかな、と思ったことは変える。
初めてのこと（携帯電話とか）は考える。

それだけだ。

特に「**家のお手伝い**」はやってすごくよかったと思っている。

お父さんの家はそこそこ繁盛していた田舎の**八百屋**さんだったから、膨大なお手伝いがあったねぇ。朝から夜まで働きづめの(だけど身近にはいる)親たちと一緒に、よく働いた。

もちろん、イヤだったよ(笑)

夏休みなんて、ほんと悲しかった。普段はないお手伝いも増えるしね。学校に行っていたらしなくていい朝市後の仕入れ品の仕分けや、日中の配達の準備や同行、そんなことが満載だったからねぇ。冬休みだとさらに雪かきとクリスマス商戦、年末商戦が付け加わる……。

でも、だからよくわかっていた気がする。

仕事がどう回っていくか、お客さんの気持ちがどうか、仕事をしている従業員(自分も含めて)の気持ちがどうか、生鮮品が余るとどうなるか、季節品(クリスマスケーキとか)が余るとどれほど悲惨か、なんてことがね。お正月までずっと毎日1個、クリスマスケーキを食べていたこともある。

何よりよくわかったことは、**仕事って大変**、ってことかな。いろいろ工夫の余地もあって楽しいけど、利益を得るのは簡単じゃない。お菓子をひとつ売って20円もうかる。それを上手にいっぱい積み上げて、初めて生活していける、ということにね。

それを毎日ちゃんと続けている**親たちはスゴイ**、って素直に思った。とはいえお父さんは、八百屋を継がなかったから、君たちに同じような経験をしてもらうことは難しい。だから作戦を立てた。

それが、「田舎長期滞在作戦」と「家事手伝い作戦」だ。

お母さんの協力もあって、みんなが小さい頃は夏休み期間も含めて、毎年2カ月近くをお父さんの田舎で過ごしたね。プラス、小学校のときには転校して半年間、暮らしてももらった。

どうだったかな？　お店のお手伝いも堪能したかな（笑）

でも君たちの生活の中心は、やはり東京での都会暮らし。私は外資系コンサルタントで、マンション住まいで、たいして君たちに手伝ってもらえる家業もない。それでも「お手伝い」をしてもらうために、**家事をみんなで分担**してもらった。

いやぁ、ほんとこれは思ったより大変だった。分担するのはいいけど、それは要するに、家が片付かないってことだからねぇ。

お母さんはいまでもときどき発狂寸前（笑）

実は自分の子どもをどう育てるか、それをお父さんが初めて考えたのは中学生の頃だった。

もうあまりに昔のことだから、よくは覚えていないけれど**「自分の子どもに、いまの自分を知られたらどう思うか？」**なんてことを考えて行動し始めたように思う。年の離れた弟がいたせいかもしれないし、多くの年下のイトコたちと育ったせいもあるかもね。擬似的子育ては十分経験済みだった。

だからわかっていた。

・しょせん、**人は自分で転ばなきゃ覚えない**。あんまり事前に教えたり、手を貸したりしてもムダ（というよりマイナス）

・しょせん、どう育ててもどう育つかはわからない。でもみんな**ちゃんと育っていく**

6歳下のわが弟に、同じ轍を踏まぬようにといろいろ教訓を伝えようとしたけれど、見事にムダだったねぇ〜。同じところで転んで痛い目にあって、初めて学習するもんだって、よ〜くわかった。

でも、ちゃんと育ったでしょ、Tおじさん（笑）

アオイが高校を卒業するまであと5年かな。それくらいで、まぁいわゆるわが家の「子育て」というのは一段落だね。そこまでに、各々なんとかひとりで生活できる力をつけさせて、家を出す。それがお父さんたちの目標。

だから、お父さんの**最後の子育て仕事は、君たちを追い出すこと**。お母さんにはなかなかできないからね。ちょっといやな嫌われ役だし。

あ、でも世間では逆らしい。父親の方が、娘が外に出るのは絶対反対！ってごねるんだって。なんでかねぇ。ずっと手元に置いて、どうしたいんだろうね。


さてと、君たち（主にサクラ）に原稿依頼はしたものの、まずはお父さんがベースを書かなきゃ、始まらないね。

いまは君たちの方がタイピングスピードは速いくらいだけれど、中身で勝負。頑張りましょう。

まず書くのは、子育てで何をしちゃいけないか（Don'ts《ドンツ》）※2、からかな。そっちの方が、理解するのは簡単だから。ただそれを実行できるかは、また別。人はなぜか、やってはいけないってわかりながら、やってしまうんだよね……。

だからこの本の**中盤以降は、どうやってやるか**のお話だ。そして君たちがどうやって、実行して（させられて）きたかのお話でもある。

さあ、**三谷家三姉妹の「ヒマ・貧乏・お手伝い」の物語**を始めようか。

※2 やるべきことはDo's（ドゥーズ）。

この本に登場する人

1章

子どもたちに
与えすぎていませんか?

与えすぎる日本の親たち

キーワード 過保護と過干渉

いまから約80年前、臨床心理学者のサイモンズ博士は、親の養育態度をスパッと2軸で分類して見せました。

・横軸（目的）：**保護**か**拒否**か
・縦軸（方法）：**支配**か**服従**か

「やってあげる」が過保護で、「やれと命じる」が過干渉（や厳格）です。

博士によれば、過保護というのは、過剰に服従的な保護（なんでも子どもの言うことを聞いてあげることで子どもを守りたい）であり、過干渉とは過剰に支配的な保護（なんでも親の言うことを聞かせることで子どもを守りたい）だと。

どちらも、保護、なのです。子どもに自ら状況に立ち向かわせるのではなく、親が守ってあげよう、という気持ちや行動。

しかし、もし子育て最大の失敗を「子どもの非行（＝犯罪少年）」とすれば、い

図1　親の養育態度

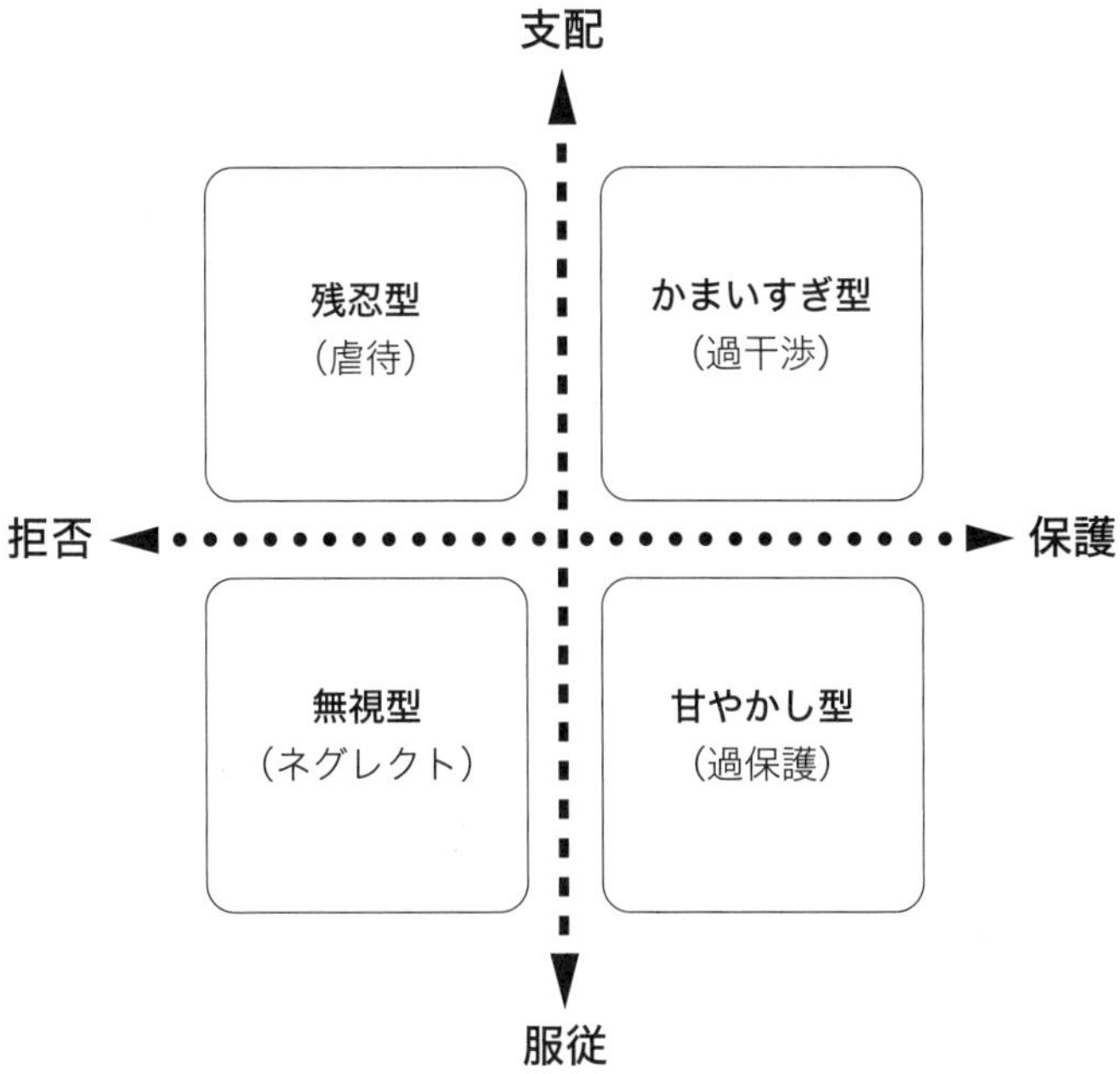

出所：Symonds（1939）より三谷作成

まその原因として問題になっているのは、過保護や過干渉なのです。

いわゆる犯罪少年の親の養育態度として、戦後もっとも多かったのは「放任」でした（法務省による親側への調査）。しかしその比率は一貫して落ち続けて、80年代の約7割から、1990年代後半には4割強にまで下がっています。90年前後に増加したのが「過保護」、そしてそれ以降急増したのが「厳格・過干渉」です。

子ども側に聞いても、同じです。05年の非行少年調査では、「親が厳格・過干渉」と答える少年が44％を超し、「親が放任」の26％を大きく上回りました。

ところが面白いことに、一般の調査で「非行少年の家庭の問題点は？」と聞くと、過半数が「親が子どもを甘やかしすぎている（過保護）」と答えます。さらに4割が「しつけが不十分」と。

この認識は、その一般の親が持つ自分の子育てにおける不安そのものなのでしょう。「甘やかしたら、きっと子どもたちはちゃんと育たない」という……。

もちろん、子どもの非行のすべてが親の責任ということではは、ありません。そんなことを思っていたらつらくて子育てなどやってられませんし、事実そうではありません。

なのに多くの親は負のスパイラルにはまっています。

・子育て責任を強く感じる ⟶ 子どもに対して過保護・過干渉になる ⟶ 子どもから多くの能力を奪う ⟶ 子どもが自立できない ⟶ 責任を感じる ⟶ 過保護・過干渉になる……

親の過保護・過干渉によって、子どもたちから奪ってしまっている能力や姿勢は膨大です。自己判断力、主体性、発想力、意欲、コミュニケーション力など。

この本でも、まずは自らの振り返りから。反省なくして前進はありません。

もしかしたら耳の痛いこともあるかもしれませんが、これらを一つずつ見ていきましょう。

キーワード　指示待ち族

「指示」を与えすぎない
――ほしいのは自己判断力、主体性

日本の企業をいま、根幹から揺さぶっていることがあります。

それは円高・円安でも混乱を続ける政治でもなく、社員にいわゆる「指示待ち族」がどんどん増えていることです。その名の通り、自らは動かず他人からの指示や命令を待っている人たちが、急増中。

そして彼・彼女らはたいてい、次のような言葉を発し続けます。

「聞いてません」「ムリですよぉ」「教わってません」――。

じゃあ、彼・彼女にもできそうなものを選んで、やり方を教えてやらせるとどうなるかというと、それでもいちいち指示を仰ぎに来ます。

「これでいいですか?」

そうかと思うと、チームが明日の締め切りに間に合わせるべく奮戦しているときでも、指示された分が終わったからと、ひとりで勝手に帰ってしまう……。

でもこういう種族を育てたのは、企業自身でもあります。

企業としての人材育成方法は、大きく分けると3種類。

・仕事自体を通じて上司が部下を鍛えるOJT（On the Job Training）
・仕事以外での会社が指定した研修（座学が中心）
・個々人の自己啓発支援

日本企業は90年代まで、自己啓発に頼らず、研修を信じず、ほとんどをOJTでやって来ました。しかし、生き残りをかけたコストダウンの中で、人員のスリム化が推し進められ、教える側の人間が、大幅に減ってしまいました。だから任せられる部下には完全に任せ（放任）、そうでない部下は「報連相《ほうれんそう》」で管理し始めたのです。なんでも逐一報告・連絡させ、**相談への答えという名で指示を出すのが「ホウレンソウ」**。

「メールじゃなくて電話はかけたか？」「お客さんはどう言った？」「それに対してなんて答えた？」「今回はそれじゃダメだろ、すぐこの条件でかけ直せ」「不良品について工場とは話したのか？」「誰と話した？」「前回の設計変更の影響はどうって言ってた？」「この件ではA係長にちゃんと念押しとけよ」

朝から晩まで、上司の前にはホウレンソウを束にして抱えた、部下たちの列。これはこれで、上司には充実感があるのです。「しっかり指導しているゾ」

でもその結果が、「指示待ち族」の大量生産でした。

上司によるきめ細かで頻繁な指示こそが、自分で決めることのできない、議論することができない、実行することのできない人材を生み出してきたのです。

そう、これは家庭でもまったく同じこと。

時間（と気持ち）の余裕をなくした親たちは、子どもに「指示」を出しまくります。しかも、その指示が毎回違っていたり……。※3 親からすれば、状況に応じての使い分けなのですが、子どもから見れば「矛盾した命令の乱発」です。

そのとき、子どもたちは放棄してしまうのでしょう。自ら考え、決めることを。「これでいいの？」**声に出さないその視線の先には、ちょっと満足げな親がいます。**なんでも相談してくれる従順ないい子に育った、という感慨を持った。

しかしその視線のさらに先には、何が見えるでしょうか。それは間違いなく、将来の「指示待ち族」の姿です。

「指示」を、与えすぎてはいけません。判断力が、なくなります。

※3
非行少年の保護者に対して「子育ての問題」を聞くと、母親では第1位が「子どもに口うるさかった」(69％)、第2位が「夫婦の子育ての方針が一致していなかった」(65％)。

「予定」を与えすぎない
――ほしいのは自己管理力

キーポイント　マネージャーママ

中尊寺《ちゅうそんじ》ゆっこさん※4が描いた「オヤジギャル」は強烈でした。

主人公は、大手商社の問題ＯＬ。

昼は立ち食いそばをすすり、夜は焼鳥屋へ通い、疲れるとドリンク剤を一気飲みする。もちろん週末はテニスじゃなくゴルフです。世のオヤジたちの生態を、ギャルに移し替えることで強烈に表現していました。

ある日、主人公の小山田ノンは、言い放ちます。

「秘書がほしい！」「秘書さん、次の予定は何？」「準備はできてる？」

もちろんすでに秘書にすべてを任せている部長（オヤジ）は、時間管理能力ゼロ。秘書に言われるままに会議から会議と飛び回るしかありません。

秘書ではありませんが、日本の部活動にはなぜか「マネージャー」なるアシスタント職が存在します。さまざまな雑用をこなし、スケジュール管理をやってく

※4　ＯＬを題材にしたマンガ『スイートスポット』がヒット。「オヤジギャル」は90年・流行語大賞の銅賞を受賞。05年に42歳で逝去。

れる縁の下の力持ちです。みな優秀で向学心があり、献身的。

そして**最近の子どもたちには、母親という（最近は一部父親も）マネージャーがついていたりします**。同じく優秀で、献身的です。

習いごとや塾で忙しい子どもたちのスケジュールを管理し、準備を整え、時間になったら知らせて、付き添いから送り迎えまでをこなします。

特に子どもに中学受験をさせる親たちは、塾や先輩の母親たちからたたき込まれます。「中学受験は子どもだけじゃ勝てない、親の戦争だ」「受験は時間との勝負、子どもの時間管理は親の責任だ」と。

そうして子どもたちはせっかくの機会を失ってしまいます。自分で自分のことはなんでもやる、すなわち自分自身の管理能力と姿勢を鍛える、貴重な機会を。

マネージャーママに叫ぶ、子どもたちの声が聞こえます。

「お母さん、次の予定は何？」「ちゃんと準備しといて〜」

これを変だと思わなければ、マズいのです。

アシスタント的マネージャーや秘書がつくのは、もっと人生のずっと後、ずっとずっとエラくなってからでいいでしょう。

※5 『もし高校野球の女子マネージャーがドラッカーの「マネジメント」を読んだら』（岩崎夏海著、ダイヤモンド社）は、ビジネスパーソンだけでなく、女性や学生にも読者を持つ。読者の約半数が女性である。

まずは、自分のことを自分でやれる力をつけなくては。自分の予定の管理、時間管理はその第一歩なのです。

子どもに「予定」を与えすぎては、いけません。自己管理力が、なくなります。

「モノ」を与えすぎない
――ほしいのは発想力

キーワード　**ジャングルジムと折り紙**

「子どもたちは発想力の宝庫だ」と言われます。創造性に満ちていると。根本的には正しいのですが、現実はかなりずれている気がします。「創造する潜在力はあるが、それを鍛える機会を奪われている」、が正しい状況認識でしょう。

公園や学校にある遊び場や遊具の中でも、砂場、ブランコ、ジャングルジム、にはある共通点があります。

それは、日本で最近、数が減ってきているということです。

とりわけ砂場は不衛生だ、と言われます。

いま、日本のペットのイヌネコは、あわせて2600万匹以上。15歳以下の子どもの数の1・5倍以上です。マナーの悪い飼い主が1割いれば、特に都会の砂場はそうなります。

でも、それを取り除いてほしい、と住民に言われても、自治体は対応しきれません。砂場をシートで覆ったり、柵で囲ったりしますが、コストがかさんで仕方がありません。

ジャングルジムは危険だ[※6]、と言われます。そう言う（少数の）親たちの声に、学校も公園管理者も抗しきれません。

危険な遊具や不衛生な砂場はどんどん撤去され[※7]、子どもたちは何が危険か学びようもない、温室に閉じ込められつつあるのです。

その影響は、運動能力の低下だけにとどまりません。

※6
日テレの『斉藤さん』第8話でも取り上げられた。事故が多発した箱ブランコだけでなく、シーソーや回転式ジャングルジムも、日本中で姿を消しつつある。

※7
2004年からの10年間で、公園のジャングルジムは2452カ所、砂場は2738カ所減少した（国土交通省調査）。

砂場は創造性にとって、最高の鍛錬場であるとも評価されています。砂には形がない。事前に定められたルールも何もない。だからこそ自由度が高く、子どもたちが自らさまざまな遊びをつくる場となり得ます。

ジャングルジムも同様です。形が単純で、何もしてくれないからこそ、遊び方の自由度が非常に高い。お城にもなれば、迷路にもなる。

でもそういった**自由度の高い遊びの場が、どんどんなくなっている**のです。

室内遊びで言えば、粘土、折り紙、積み木やレゴブロック（基本形のものだけ）、絵の具に色えんぴつ、でしょうか。

これらも非常に自由度の高い遊び道具たちです。

どうつくるかだけでなく、何をつくるか、からまったく自由。

怪獣でも飛行機でも、バラの花でも髪飾りでも、何でもつくれます。それで何をするかも自由です。お店屋さんかおひめさまごっこか、宇宙戦争か。

でも、**親や祖父母、親戚たちが買い与えるのは、できあがったおもちゃばかり。**

目的も使い方も明確で、自由度は低い。

そこで得られるのは、自分から考え、動かし、つくり上げていく能動的な能力ではなく、刺激に対する受動的な快感だけなのです。

ところが、子どもたちは、動くものやカワイイものに弱い。ディズニーアニメやトーマスやプリキュアやテレビゲームが大好きです。

そして親たちは、子どもたちの懇願に弱い。さらに幼き孫がそれで泣き止むのなら、数千円の買い物など安いものだとジジババたちは思います。そしてあっという間に、子ども部屋（やリビング）には、使われなくなったゲームやキャラクターグッズがあふれることに。

それでは子どもたちの創造性や想像力は高まりません。そして、そういった状況をつくっているのはほかならぬ親自身なのです。

できあがった「モノ」を、与えすぎてはいけません。子どもたちの発想力が、なくなります。

「カネ」を与えすぎない――ほしいのは意欲

キーワード《キーワード》 ジジババ

日本の小学生の平均「年収（現金のみ）」は約4万5000円。内訳は、

・毎月のお小遣いなど――約1万円（月800円～1200円）
・お年玉――2万5000円[※8]
・その他――5000円

低学年ほどお小遣いが少ないのですが、お年玉部分が大きいので総額では大差なく、地域差もあまりありません。また、額が過去40年、あまり変わっていないのが面白いところです。

一方、同じ期間で、中学生のお小遣いは月1000円強から3000円に、高校生のそれは月2500円から6000円に伸びました。

お年玉を含めたイマドキの中学生の平均年収は7万5000円ほど、高校生だと10万円を超えるのです。

※8 小学生はお年玉の7～8割を、貯蓄に回す、もしくは、親に預ける。

現代社会において、お金は絶大な威力をもっています。ほとんどのモノやサービスの入手を可能にする万能財と言えます。そのお金が無尽蔵では、いくら買い与えるモノを絞っても、子どもたちの発想力は育ちません。モノをいくらでも買えるのですから。

発想力だけの話ではありません。**過剰な「カネ」は、子どもたちのもっと根本的な力を削ぐ**ことにつながるのです。

それは**「意欲」**です。

日本は間違いなく、世界で何番目かのお金持ち国であり、（平均的には）裕福な国です。

それは、明治維新後や第二次世界大戦後の、追い上げる者としての頑張りのおかげでしょう。

「貧乏から抜けだそう、もっといい生活をしよう、頑張ればきっとそうなる」というときほど、人の意欲が高まるときはありません。それこそが新興国、発展途上国の強みなのです。

しかし、いまの日本は超成熟の中にあり、総人口が約30年後に1億人を切るのはほぼ確実です。現在から比べると、東京・大阪・千葉の3都府県が消えるのに[※9]等しい縮小です。

そういった裕福さと成熟（衰退？）の中で、国民全体としての意欲を上げていくことは、極めて難しいと感じます。

国全体は裕福でも、自分の子どもにお金を過剰に与えないことはできます。そしてそれは次代の英雄をも生むのかもしれません。

「古今東西、英雄・豪傑はみな貧乏の中から生まれておる。
わしに稼ぎがないのはみな子どものためじゃ。親が偉いと子どもは偉《えろ》うならん。
食うだけは食わせる。それ以外のことは自分でおしっ」
（ＮＨＫドラマ『坂の上の雲』秋山兄弟の父、久敬《ひさたか》の言葉 by 伊東四朗）

早く大人になって、自分で稼いで、好きなモノを買って楽しもう！
そういう根本的な「意欲」を子どもたちに持たせるために、過剰なお金は邪魔なのです。

親がそう決意したとき、主な障害は、祖父母《ジジババ》です。

※9 人口の少ない県から数えると、47都道府県中、鳥取、島根、高知、徳島、福井、佐賀、山梨、和歌山、香川、秋田、富山、宮崎、山形、石川、大分、岩手、青森、奈良、長崎、愛媛、山口、滋賀、沖縄、鹿児島の24県分である（順序は2014年現在のもの）。

自分が親だったときのことはあっさり忘れ、孫の笑顔を見るためなら、モノもそうですがカネも惜しみません。小学生への誕生日祝いに、平気で1万円を渡します。その子の毎月のお小遣い1年分に相当する額だというのに。

お年玉も、半分はジジババたちからのものです。

自分たちが昔、望んでも得られなかった「裕福」を、孫たちに与えているのかもしれません。

このジジババたちをコントロールすることなくして、カネのコントロールはありません。そして、カネの制限なくして、子どもたちの大人への成長意欲、工夫の意欲等々を高めることは難しい、と感じます。

子どもに「カネ」を与えすぎては、いけません。成長への意欲が、なくなります。

「答え」を与えすぎない
——ほしいのは問題発見力

キーワード　あいまいさ

まずは問題です。

四字熟語「○肉○食」の○には何が入る？

もちろん正解は、「弱」肉「強」食。

でも、それが「焼」肉「定」食[※10]では、なぜ悪いのでしょう。

「四字熟語」とは慣用句的に使うものだから？　確かにそうかもしれません。でも焼肉定食だって立派な日本語です。

本当は、学者の間でも「四字熟語」の定義はあいまいなのです。「焼肉定食も正解だ」とする人だっているくらい。

でも、いまの学校はこういうあいまいな問題を嫌います。

学校で出される問題は答えが明確なものだけですし、それもひとつだけのもの

※10　ゲーム会社のナムコは昔、「○肉○食は弱肉強食か、それとも焼肉定食か」という求人広告を打った。

がほとんど。もし入試などで正答が複数あると、「誤った問題を出題した」として世の中（？）から糾弾《きゅうだん》されたりします。

まったくもって、ばかげたことです。**この世の中に、答えが明確でひとつしかない問題、などない**というのに。

次は足し算の問題です。□を、埋めよ。

日本式　3＋5＝□
英国式　5＋□＝8
フィンランド式　□＋□＝8

フィンランド式にはなんと、正解が複数あります。

しかも数字を自然数に限るのか、整数までか、分数なども入れるかで答えの数は変わってくる[※11]、というとてもあいまいな問題なのです。

さらにフィンランド教育では、教員が正解を示さず、子どもたち同士が評価しあうことが普通に行われます。考え方や答えを子どもたちがちゃんと表現し、そ

※11
自然数（正の整数）だと、1＋7＝8など7セット。整数だと、-1＋9＝8なども入ってくるので無限に答えがある。

れを互いに議論しあう、を繰り返すのです。つまり**教えたいのは知識でも正解でもなく、正解にたどり着くための思考力**なのです。

しょせんいま、子どもたちに「正解」を教えたところで、それ（だけ）が正解であり続ける保証などありません。

むしろ、それ以外の正解を見つけ出す力にこそ子どもたちの未来はある、という割り切りが、この大胆な「反」知識教育を成立させているのでしょう。

インターネット上には、膨大な情報が存在します。それをコピペ※12して、学生たちは学校のレポートをこなしていきます。それだけを求める宿題なら、それでもいいのです。でも、自分の考えを書け、と言われているのに、人の意見をコピペではマズい。それは盗作もしくは剽窃《ひょうせつ》と呼ばれる、立派な犯罪行為なのです。

それでも「答えを考える」ではなく「答えを尋ねる」「探す」ことに慣れた子どもたちは、正解という知識を求めてネットをさまよいます。

親切なことに、それに応えるさまざまな無料のサービスも。質問をすると経験豊富な大人たちが答えてくれるのです。そして答えてもらったその子は、きっと大きな勘違いをするでしょう。

※12 コピー＆ペースト、切り貼りのこと。

「答えなんてネットで探すか聞けばいい。それこそがスマートなやり方」残念ながら、世の中そんなに甘くはありません。

日本の各大学もようやく重い腰を上げて、レポートへのコピペチェックを徹底[※13]し、違反者を処分する方針を打ち出し始めました。例えば早稲田大学では、不正がわかれば「その期の履修はすべて無効」「停学3カ月」とするといいます。

つまりカンニングと同じとみなす、ということです。おそらく今後は退学処分をうける学生も出てくるでしょう。

意図するとしないとにかかわらず、この世はあいまいで、正解は複数あります。それを見抜いて、独自の新しい答えをつくり出す力こそが、これからの日本の子どもたちには必要なのです。

学校よ、(新聞や親たちを)恐れず「あいまいな問題」を出し続けよう。「答え」を自ら考え抜く経験を、子どもたちにさせよう――。

「答え」を与えすぎてはいけないのです。子どもたちの考える力を奪ってコピペ盗作に、追い込みます。

※13 阪南大学で10年夏、前期の期末レポート5000点余をチェックしたところ、約4割がコピペしたものであることが判明した。

「勉強」を与えすぎない
――ほしいのは学習能力

キーワード　試行錯誤

それは、ある時期（約15万年前）ホモ・エレクトス（ジャワ原人など）と、ホモ・ネアンデルターレンシス（ネアンデルタール人）と、ホモ・サピエンス（われわれ）が、同時に地球上に生きていながら、なぜわれわれだけが氷河期など環境の激変を生き残れたのか、ということです。

昔は、単純にコミュニケーション能力のせいだ、などと思われていました。ネアンデルタール人のノドの構造ではうまく言葉をしゃべれないが、われわれはしゃべれて高いコミュニケーション力を持っていた……。

いまでは間違いとわかっています。そういった能力に、ほとんど差はありませんでした。しかもその時期、ネアンデルタール人もわれわれも、同じように洞穴《どうけつ》に暮らし、石器を使って生きていたのです。加えてネアンデルタール人の方がガッシリしていて、腕っ節は相当強かったと。

なのになぜ、ホモ・サピエンスだけが生き残ったのでしょう？

ホモ・サピエンスのサピエンスは「賢い」という意味です。そしてその最大の特長である高い**学習能力**は、大きく2種類に分かれます。

・**社会学習**（年長者など他の個体から学ぶ＝**模倣**）
・**個体学習**（自分自身の中で考え・発想する＝**創造**）

このうち、ネアンデルタール人は非常に高い「社会学習能力」を持っていたことがわかっています。

ネアンデルタール人のどの遺跡からも、同じような石器しか見つかりません。何万年もの間、世界中で、ほぼ同じかたちの精緻な石器をつくり続けていたのです。これは、コミュニケーション能力も含めた、高い社会学習能力なしではあり得ません。ゆえに、ネアンデルタール人は、数十万年の繁栄を謳歌したのでしょう。でも、それだけではダメだったのです。

一方、ホモ・サピエンスの石器は、場所や時代ごとにバラバラです。どんどん新しいものをつくっていく力＝個体学習能力にあふれていたのです。

そして、それこそが環境の激変に耐える力の源泉になったに違いありません。

図2 ホモ・サピエンスの学習能力

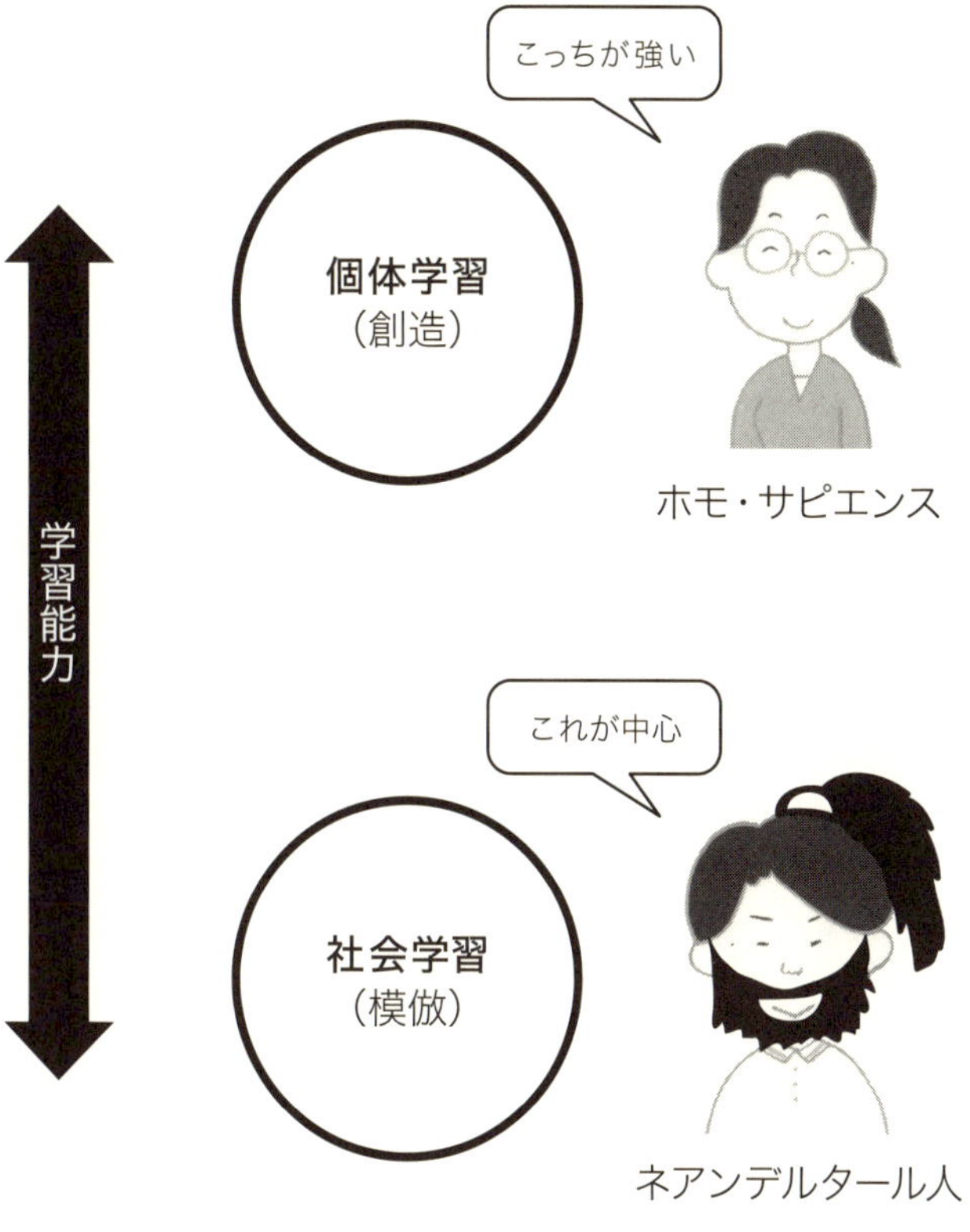

環境が短時間に大きく変わるのであれば、石器も住居も衣類もどんどん変えなくてはいけません。

古いやり方や知識を守る力だけでは、生きていけなかったのです。

子どもたちに「勉強」を与えることは、強い社会学習にほかなりません。

知識を学ばせるとはイコール、過去の研究結果を暗記させることですし、**学習塾に行かせることは（ほぼ）イコール、既存の知識や問題の解き方、さらには勉強の仕方を、教え込むことなのです。**

そこには、本人たちの試行錯誤や創意工夫の余地はありません。教師に知識でかなわず、塾講師に勉強の方法論で勝てないのだから当然です。

でも真に育むべきは、新しい知識を生み出す力であり、そのための方法やアプローチを編み出す力なのです。

「勉強」を与えすぎては、いけません。「塾」に簡単に行かせても、いけません。試行錯誤をする力がなくなります。

「夢」を与えすぎない
——ほしいのは自己鍛錬機会

キーワード　**回り道**

企業や組織をまとめていく上で、一番大事なものは「夢《ビジョン》」です。

メンバー全員が憧憬の地としてのビジョン[※14]を共有したとき、その組織はとてつもないパワーを発揮します。そこに到達したいと思える憧れの地、心に思い浮かべることのできる明確な情景、それが憧憬の地です。

人もまた同じ。

どんなに遠くはるかでも、大きな「夢」は、人の意欲と努力を引き出し、力を最大限に発揮させる魔力を持っています。

確かに世のスーパースターたちは、みな幼少の頃から夢を持ち、その実現に努力を積み重ねてきた人ばかり。

現状に甘んずることなく、高みを目指すための原動力として、子どもに「夢」は必須なのです。

本当にそうでしょうか？

※14　高津尚志さんの『感じるマネジメント』（英治出版）参照。世界第1位の自動車部品メーカー、デンソーがいかにその理念を30カ国、10万人の社員に徹底したかが描かれている。

99年に米スタンフォード大学のジョン・D・クランボルツ博士は、キャリアについての大変面白い調査を行いました。その結果は、

・一般社会人で「18歳のときに考えていた職業に就いている人」は、全体の約2％のみ
・成功したビジネスパーソンの8割は、「その成功は予期せぬ偶然の結果だ」と考えている

というものでした。

強い夢を持ってそれをあくまで追求し続けるよりも、さまざまな偶然を、うまくとらえて活かしていく姿勢の方が、キャリア上の成功につながる！ということで、社会に大きな衝撃を与えました。

夢は、持つにしても柔軟に、というのがクランボルツ博士の結論です。

夢より自分の今の力を高めて、いろいろな「偶然（いいお誘い）」が寄ってくるようにして、それを逃さず捉えることを頑張ろう、と。

いま、大手学習塾でも、「夢」についての反省がなされています。

難関中学（多くは中高一貫）に入ったのはいいけれど、燃えつきて意欲も成績も急降下、果ては不登校や転校にまで、という例が急増しているからです。もしくは、結局志望校には入れず、その後、自己否定や無力感に苦しむ子どもたちが増えたからです。

「難関中学合格」という夢が、必ずしも子どもの未来につながっていないのです。

受験勉強は「人生のチャレンジ」として、自分を鍛えるとてもよい機会です。

でも、それは機会であって、「夢」ではあり得ません。

短期に過ぎますし、それを達成したからといって、将来を保証するものではないからです。

学習塾自身があわてて「キャリア教育」や「人間力教育」に取り組んだりしていますが、ほとんどが「将来の職業を考えよう」「そのときに必要な能力を意識しよう」的なものにすぎません。

それでは、ダメなのです。

人生の原動力として「夢」ほど強力なものは滅多にありません。でも、もしそれが他人に与えられたものだったら？

夢を達成したとき、その次どうすればいいのでしょう。もしくは、夢破れたとき、誰が責任をとれるのでしょうか。

夢は98％破れます。つまり、**「人生、夢が破れてからが勝負」**なのです。

本当の「夢」は、与えられたり、考えさせられたりするものではなく、自分で考え、決めるものです。

もっと言えば、「夢」を定めること、**破れた夢をつくり直すこと自体が、大切な人生の一部**なのです。近道はありませんし、急ぐこともありません。

その回り道こそが、子どもたちの気力・体力・能力を培っていくのです。

「夢」を与えすぎては、いけません。子どもたちの回り道の機会と、そこでの鍛錬の機会を奪います。

なぜ、与えすぎてしまうのか？

さてここまで、「子育てでやってはいけないこと」を、いっぱい見てきました。

・**指示**を与えすぎない
・**予定**を与えすぎない
・**モノ**を与えすぎない
・**カネ**を与えすぎない
・**答え**を与えすぎない
・**勉強**を与えすぎない
・**夢を**与えすぎない

一つひとつは、人材育成としてはかなり当たり前のことです。でも、なぜか親としては耳が痛い。日々子どもに対して、やってしまっていることばかりかもしれません。

なぜ、親たちは、わが子にかくも過剰に与えてしまうのでしょうか。反省のための第1章の締めくくりとして、このことを考えてみたいと思います。

『不思議の国ニッポン』という本があります。

ポール・ボネ（Paul Bonet）という在日フランス人が作者、ということになっています。全21巻。1975年から14年にわたって出版され続けました。

彼は〝外国人〟の視点から、日本人の不思議なところをさまざまなかたちで指摘し、その滑稽さや価値を探っていくのですが、その最大のものは「なぜこの本がこんなに売れるのか」です。

彼からするとニッポンはこんな感じです。

大事件が起きると日本のニュースでは必ず、「このことが海外メディアではこう報道されている」と伝える。フランスでは、あり得ない。

この本にしても、いち〝在日フランス人〟がただの雑感を述べているというだけなのに、多くの日本人読者が読んでくれる。逆は、あり得ない。

なぜ日本人は、そんなに他人（他国）の目を気にするのか。自分は自分、自国は自国でいいじゃないの。でも、だから気配りが上手なのかなあ。[※15]

※15
実は日本人作家、藤島泰輔（97年没）のペンネームの一つと言われている。彼曰く「同じ内容を日本人が書いても読まないが、外国人が書いたと聞くと読む」

日本人の最大の特徴は**「横並び意識」**にあるかもしれません。

子育てでも然《しか》り。

他人に言われることが気になりますし、親の言葉も無視できない。果てはさまざまな育児書に手を出して、矛盾する知識だけがたまっていく。

だから一番徹底してやっている人に多くの人が引きずられ、それがいったん多数派になると、後はドミノ倒しでそれ一色。

みんなが与えているなら、私もちゃんと与えなきゃ。

おもちゃも、お小遣いも勉強も習いごとも、夢も。

この横並び意識の強さが、すべての「与えすぎ」につながっているのでしょう。

ただ、それだけなら昔も同じ。きっと江戸時代から変わりません。

最近親たちの中で高まっているのは、**「保護意識・対等意識」**ではないでしょうか。これが「与えすぎる」原因の2つ目です。

過保護も過干渉も「保護」の意識だと書きました。「責任感」がそれを助長していると。

守ってあげなきゃ、大切に育てなきゃ、それができるのは親だけ、という「保護者としての責任感」が、最近はとても強くなってきていると感じます。

ひとりっ子が多くなってきたせいも、あるでしょう。ひとりしかいないから「失敗」は許されません。

同時に「親子は対等」という意識も、育児書などの影響か、強くなってきています。

この一見矛盾する2つの意識（保護と対等）が相まって、子どもの意思（欲望?）を尊重しすぎる**過保護**や、なぜこんなにできないんだと指示し続ける**過干渉**につながるのでしょう。子どもと大人は違うのに。

「与えすぎる」原因の最後が、**「忙しさからくる短期視点」**です。

子どもを社会に出す、という長期的な視点で考えれば、やってはいけないことは明らかです。と、わかっていても、いまそんなことは言ってられない！という状態の親がほとんどでしょう。

「緊急性が重要性を駆逐する」という言葉[※16]がビジネスではよく使われます。「通常業務《ルーティーン》が変革業務《ノン・ルーティーン》を駆逐する」とも。

※16 グレシャムの法則「悪貨は良貨を駆逐する」もあるがこれは、実際価値（金の含有率）が違うのに、同じ法定価値を与えると必ず市場から良貨が消える、という経済法則を指している。

重要なことをやらなくてはいけないと、誰もがわかっています。でも多くの場合、目の前の緊急対応を優先させます。そして、重要なことには手がつかず、そのうちもっと大変なことが起こるかもしれません。

・子どもの高校進路が決まらない ⟶ 明日、三者面談があるから今日中に決めないといけない ⟶ 仕方がないから親が決める ⟶ 子どもの決める力がなくなる ⟶ 就職になっても自分で決められない

・片付けろと言ってもなかなか片付けない ⟶ 忙しくて、しつこく言う時間がもったいないから親が自分でやる ⟶ 子どもはどうせ親が片付けると見切って、もうやらない ⟶ 子どもの整理整頓能力がなくなる

いったんこういった**「与えすぎの負のサイクル」**に入ってしまったら、抜け出すことは容易ではありません。

ある小中高大一貫の有名私立学校に入った子どもに、親は優秀な大学生家庭教師を与え続けました。なんとかその子のやる気を引き出して、K大学までたどり着くように。

高校3年の秋のある日、その子は親に尋ねました。

「ボクが大学生になったら、今度は誰が教えてくれるのかな?」

おそらくは無事、K大へと内部進学を決め、その子はいま頃、どうしているでしょうか。そして親は……。

子どもたちに「与えすぎない」ために、親は一体どうすればいいのでしょうか?

与えすぎないための心の準備

キーワード　もっと気楽に

「与えすぎ」の原因が、「横並び意識」「保護・対等意識」「忙しさからくる短期視点」なのであれば、これらをまずなんとかしなくては、いけません。

親が子どもをいつまでも保護できない以上、親がすべきことは子どもの自立への手助けであり、それは取りも直さず、親が大人として子どもにいろいろなことを示し、訓練させることです。

でも、保護や対等が行きすぎては「訓練」になりません。対等でなんてなくていいのです。子どもは子ども扱いされて悔しかったら、早く大人になればいいのです。

横並び意識と忙しさからくる短期視点。これらはつきつめると「面倒くさい」ということです。他人と意見がぶつかるのが面倒、忙しいから子どもに任せるのが面倒。でも、面倒なことから逃げていては「訓練」になりません。

子育ては、楽しいながらも面倒なものなのです。**子どもから見て面倒な親にならなくては、きっと成り立たない**のです。

楽しく仲がいいだけの親子でいられたらどんなに楽なことでしょう。永遠の友だちのような親子。

もちろんそんなものはあり得ません。どんなスポーツでも、選手が強くなるには指導者によるトレーニングが必須なように、子育てにおいて、面倒なことは避けて通れませんし、むしろ面倒であり続けなくてはダメなのでしょう。

難儀なことです。

でも、いまこの面倒を放棄して過保護や過干渉に走ったら、あとで自立できない子ども（別名＝ニート、引きこもり）を死ぬまで抱えることになる、と割り切って頑張りましょう。

ただ、ちょっといい話もあります。

「与えすぎ」を少なくするのは、実は逆より簡単です。

例えば、たいていの家で子どもに毎月1万円のお小遣いを与えることは経済的に苦しいですが、毎月1000円に抑えることは経済的にはうれしいことでしょう。

習いごとや学習塾も、同じです。「普通」の半分にするだけで月数万円が浮いてきます。また、なにごとも最初から少なくしておけば、徐々に上げていくことで本人も喜びます。**「簡単には与えない」子育ては、お財布にやさしい**のです。

さらにいい話があります。

結局**子どもたちの知力や体力を高めるのに、親の忙しさは関係ない、**のです。

家に専業主婦（や主夫）がいないと、ちゃんとした子育てができないかというと、まったくそんなことはありません。

私の郷里でもある福井県は、日本一働く女性の比率の高いところで、生産年齢人口（15〜64歳）の71％（全国平均63％[※17]）、20代から40代だと85％前後の女性が仕事をしており日本一の高さです。そのうち正社員比率が53％で、富山県に次いで全国2位[※18]です。

いわゆる専業主婦はほとんどいない地域です。

しかし文科省の**全国学力テスト**（15年度）で福井県は、

・小6＝秋田県、石川県に次いで全国3位

・中3＝全国1位。以下、秋田県、石川県、富山県、岐阜県

ですし、高校卒業生の国公立大学への進学率も22％で全国1位、です。

同時に、**全国体力テスト**（15年度）では、

・小5＝男女とも全国1位。2位は男子が新潟県、女子が茨城県

・中2＝男女とも全国1位。2位は男女とも茨城県

※17　2012年「就業構造基本調査」（総務省）

※18　2013年「福井県就業実態調査」など。

これらは、学校や地域・家庭での長年にわたるいろいろな取り組みの結晶なのでしょう。その分析は他書[※19]に譲りたいと思いますが、ひとつ言えること、それは、**「親が忙しくても、子どもはちゃんと育てられる」**ということです。

3歳までは家庭で親が直接子育てしないとダメ！という俗説があります。俗説です。たいした学術的根拠はありませんし、しっかりした調査もありません。おそらく、低下する出生率に焦った厚労省（当時は厚生省）が大昔に流したもの（でも実際には働く女性の比率が高い県の方が、出生率は高い）。

3歳未満児の保育所・認可外保育施設利用者率、という数字がありますが、これも福井県は4割弱で全国トップクラスです[※20]。

両親ともに働いていて、保育所に0歳から預けられ、お迎えに行くのはジジババたち。学習は学校と宿題が中心で、塾には行かない[※21]。

それでもいいのです。

いや、だからこそいいのかもしれません。「与えすぎない」子育てのためには。

忙しくても、大丈夫。ちゃんと子どもは育ちます。気楽にいきましょう。

ただ**面倒なことは覚悟してく**ださい。子どもたちは、常に親の油断や矛盾を

※19
『ネコの目で見守る子育て』（太田あや）など。

※20
全国平均は約30％。千葉、埼玉、神奈川、愛知、岐阜などは低く、2割前後。

※21
「家計調査年報」（2008年度）によれば、学習塾・予備校費用の平均は世帯あたり月3万2000円。最高は埼玉県の7万円。最低は島根県で1万7000円。福井県もほぼ同額で、下から3番目（子どもの学習費調査より）。

図3 もっと気楽に

与えすぎない子育ては……

福井県は、
・共働き率日本一！
・3歳児未満の施設利用率も高い
・学習塾の費用は少ない方から3番目

でも……
・全国学力テスト、小6=3位、中3＝1位
・全国体力テスト、小5・中2とも1位

狙ってきます。気を抜いては、いけません。

では、どんな子育てが、子どもたちに「生きる力」「自立する心」を与えてくれるのでしょう。

そのお話を、いよいよ第2章から！

ムスメ語録❶

「これほしい！と思っても、一晩寝ればほとんど忘れる。」

2章

子どもたちに、本当に与えたいもの
——ヒマ・貧乏・お手伝い

お手伝い――家事や仕事を分担させる

お手伝いは、「就職力」をアップする

ここからは、与えすぎてはいけないこと、ではなく、与えるべきこと、のお話です。その筆頭は、お手伝い。

子どもに与えるべき制限のひとつであり、かつ、**価値観の醸成やさまざまなスキル向上に（おそらくはもっとも）役立つものが、家庭での「お手伝い」**なのです。

これをどれだけしっかりやれるかによって、子どもたちが社会人になったときの「人間力」や「生活力」が大きく変わってきます。

最近、ある会社でのこと。

大学卒の新入社員を十数名募集しました。新興の人気企業なので、応募倍率は20倍を超えます。その会社の人事部は、何段もの採用面接や各種試験を課して、選りすぐりの人材を採用した、ハズでした。

ところが、数カ月後、配属先の管理職たち数名が人事部に大クレーム。なんであんな奴らを採用したのだと。

曰く、その配属された新人たちは、

「気が利かない」「段取りが悪い」

「口ばかりで動かない」「教えてもらっても感謝しない」

要は企業人として、いや、社会人としてまったく使い物にならん、というわけです。

管理職たちも採用面接にはかかわっていたわけですが、不満は当然人事部に向かいます。一般の企業以上にしっかり選考したつもりだった人事部も困惑します。たまりかねた人材採用担当者は、その年の新入社員たちを密かにもう一度、調査しました。

配属先からの評価が高い者が多い中、すごく低い者たちがいる。こいつらは一体、何者だ？

そして、わかったことがひとつ。それは、

・子どもの頃、家でお手伝いをしていた者は大丈夫だったが、お手伝いをまっ

たく、もしくはほとんどやっていなかった者はダメ

ということ。その後この会社では「子どものときのお手伝い経験」を、もっとも重要な採用基準にすると決めました。お手伝いをしてこなかった子は、どんなに他の点数が高くても雇わない、ということです。

お手伝いをすることで、子どもたちは段取りよく動くことを覚え、さまざまなことに気を配り、自ら考えて体を動かすようになります。

そしてさらに大切な、感謝する心、が身に付いていくのです。

お手伝いは言わば親たちの仕事を助けること。子どもたちの仕事（＝勉強）や遊びよりも、親の仕事の方がはるかにダイジだということが、お手伝いを通じて子どもたちに伝わります。

そしてそれなくして、親への感謝や社会的な道徳心は生まれないのです。

お手伝いは「道徳心」や「正義感」を育む

企業が採用したい人材とは、どんな人たちでしょうか。

アンケートを採ると「コミュニケーション力」などが、いつも望ましい能力の一番にあがります。これからは英語や中国語が必須となってもいくでしょう。でも、本当はもっと大切なものがあります。それが「道徳心」です。

道徳心とは、誰から命じられなくてもゴミが拾えて、困っている仲間や他人を助けられる姿勢のこと。おかしなことがあれば、素直に、そして力強く「間違っている」と声を上げられる心です。

これは決して、学校の「道徳」の授業に頼るようなものではありません。

小4・小6・中2を対象に行われた文部科学省の調査[※22]でも、**「道徳観・正義感」と「お手伝い」**「生活体験」「自然体験」の**間に、非常に強い相関がある**ことが示されています。(図4参照)

例えば、お手伝いをよくする層(5段階で最上位)では、道徳観・正義感が非常に強い子どもが59%に達します(2012年度調査)。

この比率はお手伝いをしなくなるにつれて急低下し、最下位層ではわずか4%足らず。この、お手伝いをもっともしない層では、道徳観・正義感が「低い」「非常に低い」層がなんと46%を占めるのです(お手伝い最上位層では2%)。

※22 「青少年の体験活動等と自立に関する実態調査」もしくは「青少年の自然体験活動等に関する実態調査」。ここでの生活体験とは、調理、掃除、ゴミ拾い、仲裁、育児などを指し、お手伝いは、買い物、新聞・郵便物取り、靴揃え・靴磨き、食器片付け、掃除や整頓、ゴミ出し・ゴミ捨て、風呂洗い・窓ふき、料理、ペットや植物の世話、を指す。

この調査で、「道徳観・正義感」は、
・家や近所であいさつをすること
・バスや電車で体の不自由な人やお年寄りに席をゆずること
・友だちが悪いことをしていたら、やめさせること

で測られています。

例えば席をゆずることを、「必ずしている」子どもは16％、友だちが悪いことをしていたらやめさせることを「必ずしている」子どもは13％います。

勇気ある、素晴らしい行動です。

お手伝い最上位層は、全体の13％（8人に1人）にすぎませんが、こういった道徳観・正義感が「非常に強い」子どもの中では31％、3人に1人を占めます。

こういう若者をこそ、企業は採用したいのです。

それは個人の努力として現れ、顧客への礼儀として現れ、仲間との切磋琢磨や同僚たちとの（馴れ合いでない）協調性として現れます。

図4 お手伝いと道徳観・正義感

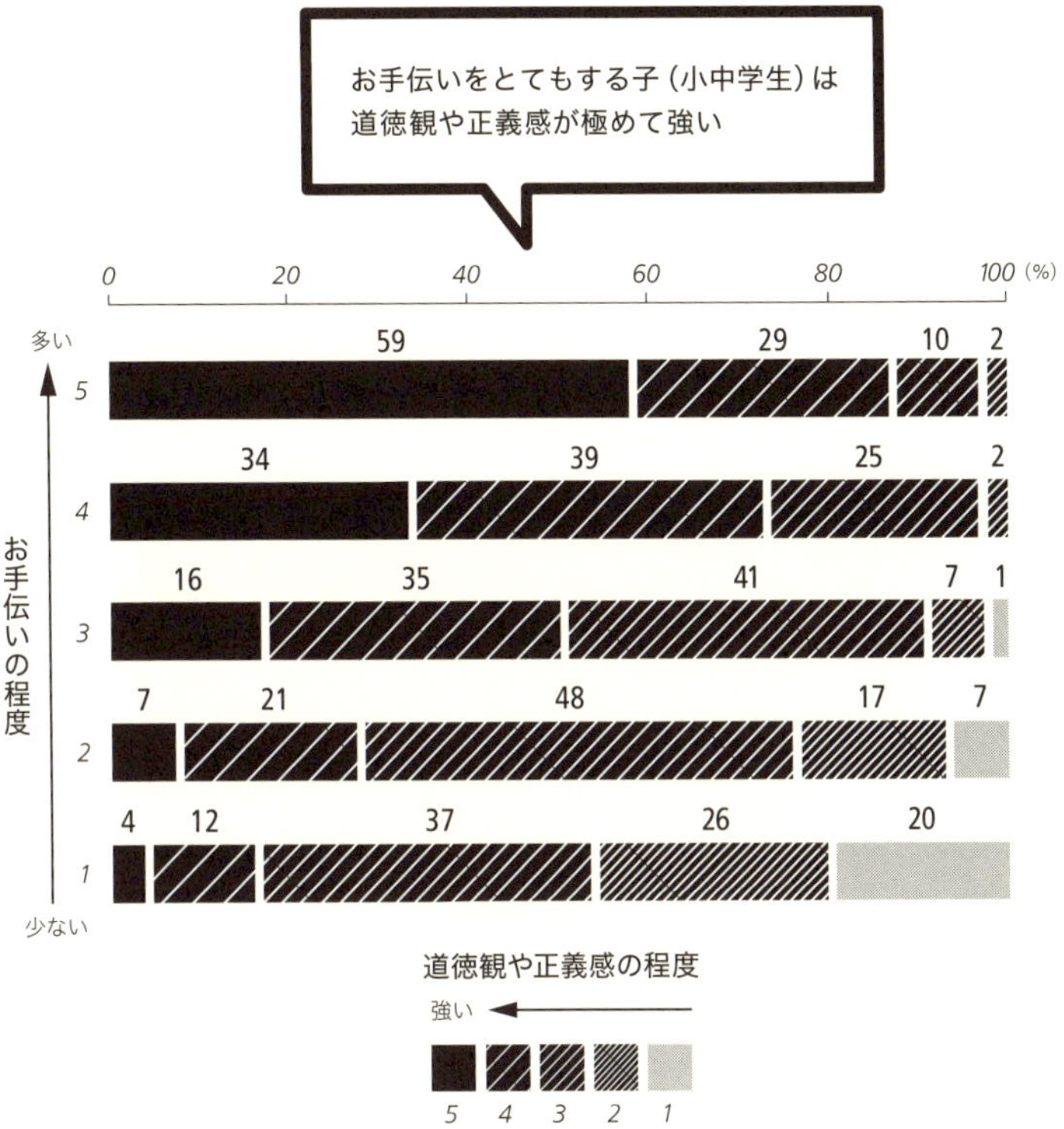

出所：「青少年の体験活動等と自立に関する実態調査」（文部科学省、2012年度）より三谷作成

お手伝いは「コミュニケーション力」「課題解決力」に効く

2015年5月、国立青少年教育振興機構が報告した「子供の生活力に関する実態調査[※23]」の結果もお手伝いの価値を、示していました。

子どもたちの「コミュニケーションスキル[※24]」や「課題解決スキル[※25]」と、もっとも明確に関係するのは、他の何でもなく、お手伝いだったのです。

お手伝いをよくする「高い群」では、コミュニケーションスキルの高い子が43%、課題解決スキルの高い子が61%を占めます。

その比率はお手伝いをあまりしない「低い群」では各々、19%と39%にも下がってしまいます。

調べられた10種類のお手伝いの中で、一番効くように見えたのは「靴揃え・靴磨き」「食器揃え・片付け」「掃除や整頓」「料理」「布団上げ下ろし・ベッド整頓」でした。

調査結果のテレビ・新聞報道の際、衝撃をもって受け止められたのは、そういったスキルと、親の養育態度との関わりでした。

※23 小学4・5・6、中2・3、高2及び、小4・5・6保護者2万5000人が対象。

※24 友だちの相談にのったり、悩みを聞いてあげること、人の話を聞くときに相づちを打つこと、自分と違う意見や考えを、受け入れること、初めて会った人に自分から話しかけること、など。

※25 ひとつの方法がうまくいかなかったとき別の方法でやってみること、トラブルがあったとき原因を探ること、目標達成に向けて努力すること。

親が子どもに対して**「叱咤激励」しようがしまいが、そのスキルにはほとんど何の差もありませんでした。**敢えていえば、叱咤激励すればするほど、課題解決スキルも、コミュニケーションスキルも下がるばかりでした。

・よく「もっと頑張りなさい」と言っている
・よく小言を言っている
・しっかり勉強するように言っている
・子どもと意見が違うとき、あなたの意見を優先させている

といった親の日常的な（よくある）努力は、子どもたちの生活力にちっともプラスになっていませんでした。

お手伝いは、就職力に、効くのです。そしてそれは、大学3年生になってからの「就活」では、決して間に合わない根源的な姿勢であり、力なのです。
わが子の将来、特に就職を心配するのなら、与えるべきことは塾でも習いごとでもなく、「お手伝い」なのです。

なのに、お手伝いは人気がない

しかしながら、お手伝いは人気がありません。

ベネッセの調査[※26]によれば、「家の手伝い」を普段「よくある」と答えた子どもの比率は、小学生でわずか32%、3人に1人弱です。

しかも中学生では18%、高校生では14%と激減します。

一体何が起きているのでしょうか。昔の自分たちの感覚とは、明らかにずれる結果です。

理由は簡単です。**親がそもそも、子どもにお手伝いをさせようとは思っていないからです。**

新潟・長岡市はいま、市をあげて家庭でのお手伝い促進に取り組んでいます。その最初(06年度)に行ったアンケートで、市内の親たちに「子どもの家事分担を決め、家の仕事をやらせている」かを、問いました。

結果は、保護者のうち、

※26 「第1回子ども生活実態基本調査報告書」(2004年度)。男女別の数値を単純平均。

・「かなり心がけている」は12％にすぎず
・「あまり心がけていない・まったく心がけていない」が43％

でした。これはベネッセの親向けの全国調査でもほぼ同様です。

家庭においてもっとも重視されているのは、いわゆるしつけや生活習慣であり、「お手伝い」はその次の、「できたらいいな」レベルのものだったのです。


親としてみれば、「子どもにお手伝いをちゃんとさせる」ことは、手間の掛かる、面倒くさいことです。

部屋の掃除を任せることは、イコール、部屋が片付かない、ということですし、片付けさせるためにさまざまな声かけや作戦[※27]が必要になります。自分がやってしまった方が、親の労力も数分の一ですむでしょうし、互いのイライラもなくなります。

でも子どもたちの将来を考えたとき、お手伝いをさせることは、最大の効果ある投資なのです。

お手伝いをさせるなんて面倒だ、と感じたとき思ってください。

※27 例えば、1週間片付かなかったら、全部大きな箱に入れて外に出す、とか。

「お手伝いこそ子どもの就職力のためだ」
「ちゃんと就職して自立してもらわないと自分の人生も狂う」
「親子ともどもの明るい未来のためなのだ！」と。

お手伝い成功に向けて。「お手伝い至上主義」！

お手伝いを子どもたちにちゃんとさせるには、親のガマンの他にもうひとつ、条件があります。

多くの家庭では、子どもたちは忙しすぎ、お手伝いなどするヒマがありません（物理的に家にいない）。あったとしても、勉強の方が「ダイジ」でそれをやると言えば、他は何もしなくても許される状態です。

これではお手伝いの入り込む余地は、ありません。

これも対処はある意味では簡単です。お手伝い（家業・家事の分担）を「家庭の中での第一優先事項」にすればいいのです。

お手伝いを、勉強よりも、ゲームよりも、学校よりも、ダイジなことだと位置

図5 お手伝い至上主義

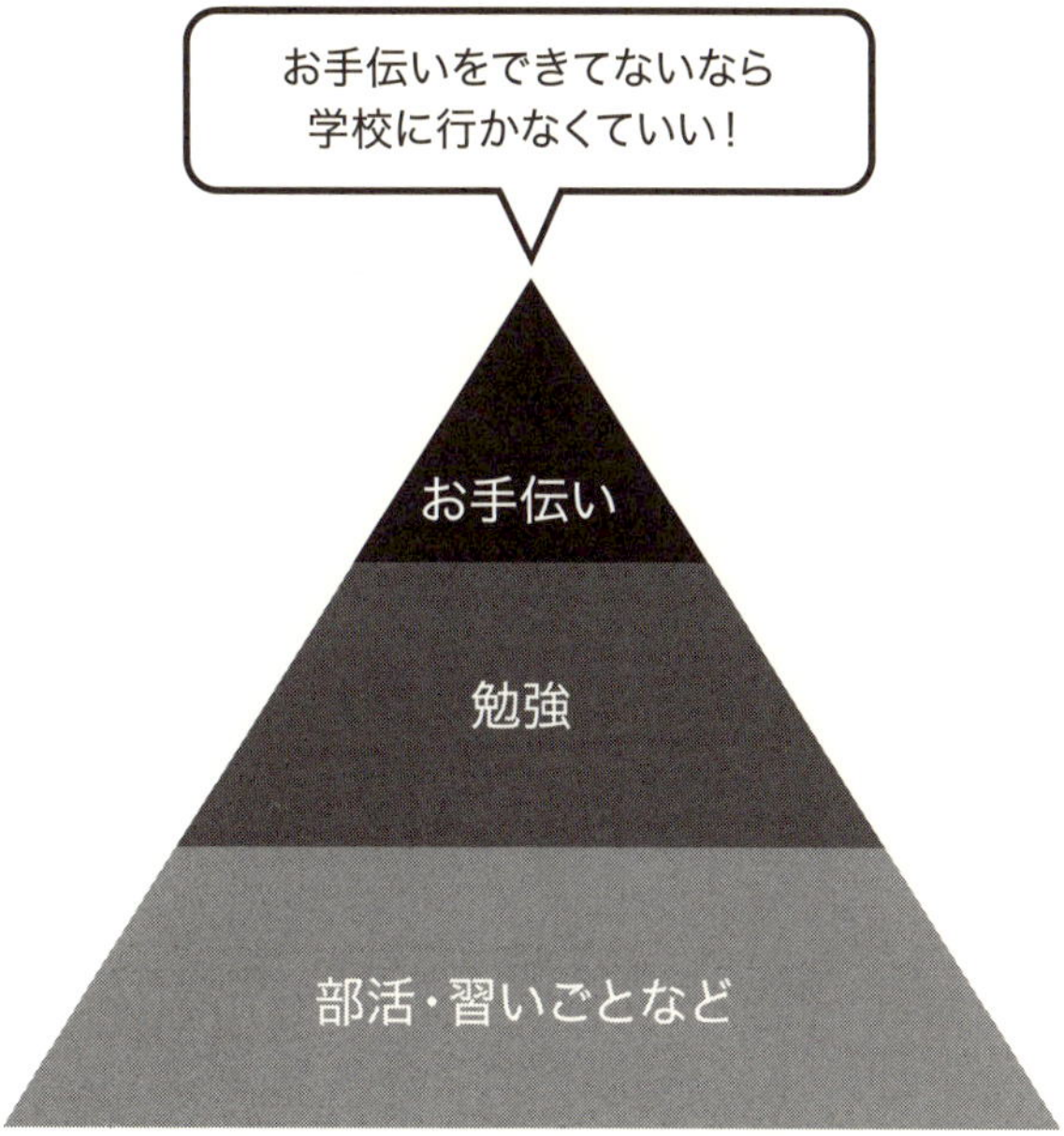

づけるのです。

決められたお手伝いをちゃんとやっていないなら、学校に遅刻してでもやってから行かせる。もちろん、お手伝いなくしてお小遣いなし。

宿題したらテレビ見ていいよ、と万一子どもに言ってしまっても大丈夫。宿題よりお手伝いの方がダイジなのですから、テレビもゲームもお手伝いが終わっていなきゃ、できません。

これを**「お手伝い至上主義」**と名付けました。

多くの家庭では、知らず知らずに、「勉強至上主義」になっています。子どもが家にいるときに、親が優先させるのは（食事等を除けば）学校や塾の宿題です。宿題さえやっていれば、お手伝いをしなくていいどころか、自分がやるべきことすら親がやってくれる……。さらには「宿題したらゲームしてもいい」「お買い物に連れて行ってあげる」といったアメすら与えまくっています。

つまり、勉強が一番ダイジで、二番がゲーム、一番下がお手伝い、という感じでしょう。

それを、逆転させること。

一番ダイジなのは、家のお手伝い。二番目が勉強。その次が中学生なら部活動でしょうか、ゲームや習いごとはその下です。

ただ、二番目以下がどうあろうと、最上位は「お手伝い」です。なにせ、「お手伝い至上主義」なのですから。

前出の長岡市では、07年度から市教育委員会が中心となって『家庭で子どもに手伝いをさせよう運動』に取り組んでいます。

隔月の「家庭でワクワクお手伝い通信」の発行や、PTAとの連携によって、同市内でのお手伝い実施比率は大幅に向上しています。

例えば小4で、「家庭で必ずする手伝いがある」と答える比率が、活動前06年度の49%から、08年度には64%に。中1でも35%から48%になりました。やれば、できるのです。

お手伝いする子は「学力」も高い！

お手伝い至上主義なんて、とんでもない！　そんなことをしたら、ホントに勉強しなくなっちゃう。宿題をまったくしなくなったら、どうしてくれるの？　責任とれるの？……という声が聞こえてきそうです。

そうかもしれません。子どもたちは一人ひとり違いますし、親たちもそう。問題も答えも、一律ではないでしょう。ただ、どう考えても、

・〔子ども〕宿題しない ──→〔親〕アメやムチで宿題をさせる ──→〔子ども〕ますます自分からは宿題しない ──→〔親〕さらなるアメとムチ……

は、ただの悪循環です。

目指すゴールは「子どもが自立的に宿題をする」のはずです。ただ「宿題をする」ではないですよね。とすれば、問題は「宿題をしない」ではなくて、「自立的に○○をしない」にあるはずです。

ゆえに、まず**考えるべきことは、どうやったらその子が「自立的にモノゴトを行うのか」**ではないでしょうか。

お手伝いは、その答えのひとつだと思います。お手伝いをすることで、自立的に考え動けるようになり、それが学力向上にも、役立つのです。

東京都の調査では、学力とお手伝い（や生活習慣）との相関が示されています。

学力のひとつとして、小5の「国語」を見てみましょう。

「家の手伝いや地域の役に立つことをしているか」に対して、
・「している」[※28]子どもの正答率は83％
・「しない」子どもの正答率は78％
5ポイントの差が、ついています（09年度調査）。

「数学」や「問題解決力」[※29]についても、ほぼ同様の相関があり、お手伝いをしている子としていない子で6ポイント差が、ついています。

そうなんです。お手伝いや身の回りのことを自分でしている子の学力は、高い、のです。

お手伝いは、将来の就職力だけでなく、いまの学力にもプラスなのです。

※28 「続けてしている」と「ときどきしている」を「している」に、「一、二度したことはある」と「まったくしたことがない」を「しない」に分類している。
※29 小5を対象とした07年度調査。

お手伝いから得られるスキル。「段取り力」「意思決定力」

この10年、この「お手伝い至上主義」を掲げて、さまざまな場所で講演をしてきました。幼稚園や保育園、小中学校・高校の保護者会やPTA研修で、もう数十回はやったでしょうか。出席者の9割は「お母さん」がたです。

「浮世離れした子育てですね」、と言われたこともありましたが、「お手伝い」については非常に強い「賛意（と反省）」の声を頂いてきたように思います。

講演後のアンケートで、よくあったのはこんな声です。

・自分が子どもの頃は、いっぱいお手伝いをさせられた
・お手伝いが一番ダイジ、は普通のことだった

なのに、子どもにはお手伝いを十分にはさせていない、という反省が続きます。

・子どもがかわいそうとやらせてこなかった
・子どもは勉強や部活で忙しくてお手伝いのヒマがない

・やらせようとするとケンカになるからほとんどお手伝いをさせていない
・自分でやった方が早いので……
・お手伝いさせても、下手だからちょっと邪魔者扱いしてきた

ところが、いまの自分を見つめてみると、お手伝いによって培われたものが大きいと気づきます。

・自分が料理好きで上手なのは、子どもの頃からつくってきたからだ。段取りがよくないと、料理はつくれない
・仕事が大変でも、なんとかこなせる。これは子どもの頃、お手伝いに始まって、ナニゴトも自分で考えて決めてきたから

そして、多くの方が、「子どもにもっとお手伝いをさせます！」という決意を持ってくださるようです。たとえ子どもに、イヤがられようと。

「私は子どもの頃やらされたお手伝いがイヤで、子どもにはさせないでおこうと、これまでやってきました。でも、私が段取り上手なのは、お手伝いをなんとか短

時間で終わらせようと工夫してきたからだと、いま気がつきました。親に感謝したいと思います。**今日から息子にも、嫌われてもいいのでやらせます**」（小4男子のお母さん）

みなさん、頑張ってください。応援しています！

お手伝いは、家事の分担でOK

では、いまの子どもたちにどんなお手伝いを、させましょうか。

「家事手伝い」、つまりお母さんとお父さんがやる家の中の仕事＝家事を、子どもたちと徹底的に分業するのが、基本です。

・炊事、洗濯、掃除、整理・整頓

もちろん、自分の部屋の片付けや学校に行く準備は当然です。

お母さんかお父さんの片方だけが働いている場合も、共働きの場合もあるでしょう。でも根本は同じ。少しずつ、年齢が進むにつれお手伝いの範囲を拡げましょう。

各々の家事でのコツや、やらせ方の詳しいノウハウは他書[※30]にゆずりますが、**大切なのは「任せる」こと**です。

きちんと責任の所在を明らかにするためにも、安易に手伝っては、いけません。少しくらいダメでも、親が代わりにやってしまうのではなく（それは最終手段）、ガマンしてやらせましょう。

また同時に権限も、与えなくてはいけません。

庭掃除を週に1回やる、と決めたなら、いつやるかは本人に任せる、とか、お金のかかることなら月額の予算を与える、とか。

これがないと、ただの指示と過干渉というドンツ（やってはいけないこと！）の塊に陥ります。

お手伝いに関する責任と権限を明確にして、仕事として子どもにちゃんと、任せましょう。

※30　辰巳渚さんの「お手伝い」シリーズなど。

お手伝いは「係」です。「いきもの係」さんがしっかり働かなければ、そのいきものは死にます。「洗濯物係」が洗濯をしなければ、洗濯物は山となっていき、みんなが困ります。

でも、黙ってその不便を忍びましょう。そうして係の責任感・自覚を促すのです。

参考までに、三谷家で娘たちが小中学生だった頃のお手伝い分担を。

・長女（中1）――洗濯（洗濯機を回す・洗濯物を干す・取り込む・畳む）
・次女（小5）――夕食後の食器の片付け（洗う・乾かす・しまう）
・三女（小1）――朝夕の新聞とり、郵便物とり、玄関の靴ならべ
・全員――朝のゴミ出し

その後、引っ越して掃除場所が増えたのと、長女が大学生になって外に出たので、

・次女（高1）――家族全員の洗濯（前掲プラス、各部屋に運ぶ）、3階の掃除、リビングのロールスクリーンの朝夕の上げ下げ
・三女（中1）――朝夕の新聞とり、階段の掃除、2階のトイレ掃除、お風呂の掃除とお湯入れ、氷づくり
・全員――ゴミ出し、お父さんのバイク磨き（通勤前に）

となりました。もちろん、適宜《てきぎ》、お使いや細かい補助も頼まれます。子どもたち全体に、何を新たに任せるかは親が決めますが、それをどう分担するかは、娘たちに任されています。

ときどき、お手伝いの担当替えの会議が、自主的に行われます。その白熱の「お手伝い会議」については、また後ほど。

必殺のお手伝い「駅までお迎え」

八百屋さんで育った私には、山のような「家業手伝い」があり、それに明け暮れていました。直接に親のやっている仕事がわかり、そのすごさがわかりました。

私にはスイカをぽんぽん叩いただけで、その良し悪しなどわかりませんでした し、毎朝5時半に起きて朝市に仕入れに行くことも、あり得ませんでした。

父には、それができる。

毎日、お店番をしていろいろなお客さんの相手をして、調理の免許も取って魚を切ったりフライにしたり。合間に子どもたちの食事もつくる、なんて芸当もできるわけがありません。

母には、それができる。

素直に父母が尊敬できました。

だから、**親の仕事をそのまま手伝わせるのが最高のお手伝い**だと思います。

でも、現代の多くの親たちにとって、子どもに自分の仕事を直接手伝わせることは難しい。私自身もそうでした。経営コンサルタントの仕事を、どう手伝わせたらいいのでしょう?

そして出した答えのひとつが、「お父さんを駅にお迎え」作戦でした。もちろん「お母さんを駅にお迎え」作戦、でもかまいません。

やることは簡単です。働いている親が夕方、最寄り駅まで帰ってきたら、子どもたちが駅までお迎えに行く。それだけ。

でもそれが、「お手伝い」の最上位に位置づけられているのです。

食事中でも、宿題中でも、7時前に駅から電話がかかってきたら、子どもたちは必ずお迎えに行かなくてはなりません。

たいていは、駅からの帰り道の途中で出会って、そこから一緒に家まで、となります。

わが家の場合で言えば、

「三谷家を支えているのはお父さんの仕事」

「お父さんの仕事が家事・家業で一番ダイジ」

という価値観を伝えるための「駅までお迎え」作戦、だったのです。

「仕事から帰ってきたお父さんを迎えに行くのはダイジなお手伝い」

「だから他のものよりも優先させる」「雨でも雪でも関係ない」

これは親自身にとっても、仕事から早く帰る強烈な動機付けになるのではないでしょうか。いや、実はそっちの方がこの作戦の意味の中心だったりして……。

え、車通勤の場合はどうするか?

私なら、1キロ手前でいったん止まって家に電話しますかね。「玄関前にお迎えに出て」と。

お手伝いを楽しくする、ちょっとした工夫

洗濯にせよお迎えにせよ、お手伝いのスタート時期は、早ければ早いほどよいわけですが、うまくスタートするための工夫をほんの少しだけ。

まずは**楽しさや競争を演出**しましょう。

三谷家の娘たちの最初のお手伝いは、朝の新聞とりだったでしょうか。上2人が4〜6歳の頃です。

朝起きてきた2人に「新聞とってきて」と声をかけます。すると2人は脱兎《だっと》のごとく駆け出します。距離は玄関までの8メートル足らず。

新聞をとってきた方には、ご褒美があります。それはシール。

娘たちはシールが大好きだったので、大きいの小さいの、いろいろ買い集めて、1日数枚ずつを渡していました。

お迎えも、娘たちは（小学6年くらいまでは）結構、楽しんでいたようです。

それは、子どもだけで夕方のお散歩ができるから。

これもたいてい2人以上だからですが、駅までの明るい商店街の一本道を、よく大声で歌やお話をしながらゆっくりゆっくり歩いてきていました。

だから出会うのはいつも相当家に近いところ（笑）。

最後は長女自身がやった工夫です。

小5の頃、彼女は洗濯ものを畳んで片付ける係でした。

ある日、山のような洗濯物を一生懸命畳んだのはいいものの、しばらくそのまま放置。お母さんがしまおうかと声をかけても、「さわらないで～」と洗濯ものの陰から返事します。

しばらくたつとニコニコしながらやってきて、「洗濯もの屋さんをやって、全部妹たちにしまわせた！」と。

長女は妹2人に（おままごとで）洗濯物を売りつけたのでした。

「洗濯もの、いりませんか～」「これは赤いきれいな服で～す」

「私に売ってくださ～い」

「売りません！」「えー」

こんな調子で彼女は妹たちを使って、洗濯ものをしまわせ、※31あっという間にお手伝いを終わらせたのでした。

こういうことが通じるのも小学生までですが、ともかく楽しくスタートしま

※31　おそらくは、長女はトム・ソーヤーの物語を読んで、そこで彼がペンキ塗りを友人たちにうまく手伝わせたのを、応用したものと思われる。

しょう。お手伝いは三谷家の子どもの義務、でもありますが、楽しい遊び、でもあったのです。

お手伝いできる子は生活に困らない

家事のお手伝いがちゃんとできる子は、当然、ひとり暮らしになっても生活に困りません。

炊事・洗濯・掃除と一通りをこなしているからです。

でも、お手伝いを続けることで、もっと根本的な生活力も、ついていきます。それが、**段取り力や意思決定力、問題解決力**であり、ひいては就職力につながります。

お手伝いを生活の最上位に位置づけることで、親のやっている仕事（家事を含む）が家族においてもっとも大切なことなんだという価値観も、伝えることができるでしょう。

それなくして、親や社会、他人への感謝は育ちません。

そこから高い道徳心や正義感も生まれてくるのでしょう。

親や他人に感謝し、道徳心があり、家事や作業を手早くできる人間。そういった若者を育てたいと思いませんか？
もしそう思われるのであれば、ぜひ家事や家業の「お手伝い」をさせてあげてください。

できる限り、徹底的に。そして、できれば楽しく。

モノローグ3

次女～ある日のお手伝い会議

半年前に決めた今のお手伝いの分担は、やっぱりバランスが悪い。

食事が終わったら、みんなに分担替えをしようって言おう。

妹のアオイも、「いまやっているお手伝いに飽きました！　替えてほしいです」とか言っているし。


夕方3人集まって、話し合い。お母さんもいるけど、オブザーバーとかで口はあんまりはさまない。なんか言いたそうだけど（笑）

まずお手伝いの今の分担を書き出していく。

その上で、それがどれくらい時間がかかるか、手間なのかを話す。ま、半分グチの言い合い、ですね。

お手伝いはいろいろだけど、各々タイプが違う。

三つに分けるなら、手間や労力がかかるものと、すぐにやらなきゃいけないもの、その中間だ。

朝の新聞とりや、お風呂準備とかは、手間はかからないけどすぐやらないといけない。

洗濯は5人分だから圧倒的に手間がかかるけど、1日2日はためられなくはない（笑）から、自分の好きなときにできる。

夕食の食器洗いは中間かな。手間もそこそこ、朝までにはやりきらないといけない。

私は時間に追われたくないから、「すぐやる」タイプのものは苦手だ。でも「手間や労力」はあんまり苦にならない。ちゃちゃっとやれば大丈夫。

逆にアオイはすぐ飽きちゃうから「手間や労力」タイプがキライ。その場で動いて終わるものが好き。

お姉ちゃんは高校生になってからは、部活や玉卓（地域の卓球クラブ）で毎晩遅いから、「すぐやる」は任せられないし、「手間や労力」タイプもあやしい。だから夕食の食器洗いが中心。

プラス、自分のお弁当づくりに1年生の間はチャレンジしていた。これは、すごい。けれど、実行率は4割くらいかなあ。このあいだは時間

がないからと「レタス弁当」（ごはんとレタスだけ）を持っていって、お母さんに怒られてた（爆）

3人の性格が違うから、話し合えばだいたい決まる。同じお手伝いを取り合うことが、ないから。

かつ、議長である私が一番ヘビーな洗濯を引き受けてるんだから、他の者に文句は言わせない（笑）

でもときどき、洗濯物を滞らせて「ブラウスない！」とか「クツシタない！」とかの事件も起こします。それは、許してね。

……あ、やっぱダメ？

ムスメ語録 ❷

(いろいろほしいものがあるけどどうすればいいのかと母に訴える長女に対して、4メートル離れた隣の部屋から)

がまーん。

貧乏——あえて足りない環境をつくる

貧乏が「トレードオフ」「交渉力」「コミュニケーション力」を鍛える

さて「お手伝い」の次は「貧乏」のススメです。

と言っても、もちろん貧困という状態を指しているのではありません。

お父さんのお小遣いは月5000円なのに、子どもはなぜか実質1万円、などということがあったら、それはやめましょう、ということです。

三谷家では、子どもたちのお小遣いはかなり絞られています。

小3まではなしで、小4から月400円、小6で月600円、中1で月1000円、といった具合です。たまに臨時収入※32はありますが、普段はこれだけで、おもちゃもお菓子も友だちとの飲食も、賄わなくてはいけません。

ある日、娘たちが私のところに来て言いました。

「3人でお祭りに行くので、お小遣いをください」

長女が小4の頃なので、妹たちは小2と保育園児。

※32 お父さんの白髪を抜くと、一本10円とか……。ちなみに40歳になるまでは、ほとんどなかった。

私は何の気なしに、500円玉を取り出して、言いました。

「3人で500円だよ。仲よく使いな」

そのお祭りは、近くの神社で秋に行われる年に一度の例大祭なのですが、広めの境内・参道に数十軒の屋台がぎっしり並びます。

近隣の小中高校生たちにとっては楽しい社交場でもあり、毎回大変な人出です。

彼女らはもらった500円を最大限有効に使うために、まずすべての屋台を隅々までリサーチしたそうです。どこに何があるか、どれが一番ほしいものか、それはいくらか。

500円は3で割れないので、娘たちはこう決めました。

100円ずつは個々人で好きに使う。自分の好きなものを他の人に気兼ねなく買う。

そして、残った200円はみんなで使う。3人で遊べるものを相談して、みんなにとって大事なものを決める。一番予算が大きいから高額なものをこれで買う。

1時間半かけたリサーチ後、まずは100円ずつのお買い物です。たったひとつ、自分の好きなものを選んで買いました。

その後、大切な話し合いが始まります。残った200円で、何を買うのか！

3人ですからお姉ちゃん2人からすれば簡単です。三女を味方につければ、多数決で勝てますから、自分の好きな（200円もする）ものが、手に入るのです。

そこからしばらくは、長女・次女による三女への売り込み合戦です。自分のお目当てのものが、いかに素晴らしいか、そして三女にとってもよいものか。

私は、自分の渡した500円玉が、そんな騒ぎを引き起こしていたとは知らなかったのですが、娘たちはお祭りから帰ったあと、楽しそうに買ってきたものを4つ、見せてくれました。

もちろん、私が娘たちに与えたものは「お金」ではなく、「資源の制約」であり、その「分配の機会」でした。

そこで彼女たちは、**トレードオフ**[※33]（これを買ったらあれは買えない）を学び、**交渉力**（屋台のお姉さんにまけてもらう）や**コミュニケーション力**（三女を落とす！）を学んだのでしょう。

※33 両立しない2つを天秤にかけて、どちらかを選ぶこと。

貧乏は、「意欲」を高める

人が自ら進んで何かをやろうとすることが「意欲」であり、学習意欲や購買意欲、仕事への意欲が、よく話題となります。

現代における日本人の、最大の問題を挙げるとすれば、それは少子化でも高齢化でもなく、この意欲の減退でしょう。

「仕事への意欲」を世界中で比べた調査[※34]があります。**日本人はその意欲レベルにおいて、ほぼ最下位**の結果でした。

・非常に意欲的＝2％、普通に意欲的＝57％、意欲的でない＝41％

意欲的でない人の比率は、ブラジルがわずか7％、ドイツが15％、アメリカが16％となっています。同じアジアで見ても、韓国が20％、中国が25％[※35]などです。

恐ろしいのは、日本人の場合、意欲はなくとも勤勉なので、定常的な仕事は、ちゃんと効率的に回り続けるということです。

しかし、意欲がなくては、よりよくしていこう、という動きになりません。

※34 タワーズペリン社による05年度の調査、16カ国、8万6000人が回答した。

※35 中国の「非常に意欲的」な比率は8％だが、人口をそのまま掛ければ約1億人が、「非常に意欲的」となる。日本はそれに対して、「非常に意欲的」な人は255万人で中国の約40分の1。

それでは、これからの時代を生きていくことはできません。それで逃げ切れるのは、いまの50代まででしょう。それ以下の世代は高い意欲を持って、自分の独自の道を切り拓いて行かなくては、いけないのです。

根源的な意欲は、やはり制約の中から生まれます。そのひとつが貧乏＝お金が少ない、なのです。

簡単に買えないからこそ買いたいという購買意欲は高まるもの。恋と同じ、でしょうか。もしくは企業が普段やっているマーケティング手法を見ても、そうでしょう。ヒトの購買意欲を上げる最強の手段のひとつは、手に入りにくくすること、「希少性」を高めることなのです。限定品であればあるほど人は買いたくなりますし、そのモノの価値を高く感じます。

何ごとにしても、簡単には手に入らない方がいいのです。

お金はあらゆることを可能にする魔法の杖と言えるでしょう。

でも、ゲームの中で、最強アイテムがいきなり１００本手に入って、うれしいでしょうか。そんなゲームは興醒めで、すぐに続ける意欲を失います。

お小遣いをいっぱいあげて、子どもをお金持ちにする、ということは、そういうことなのです。

お小遣いはなるべく絞って、徐々に上げていく程度にしましょう。

これは、単純に「金銭的報酬が意欲を生む」と言っているのでは、ありません。むしろ、逆です。

三谷家のお小遣いは定額であり、お手伝いをしたからもらえる、というものではありません（しなかったらゼロになるときはある）。

お金は少ないからこそ、それをどう使うか考えますし、使途が自由だからこそ、自分で選んで決めた、という「自己決定感」が高まります。そしてそれこそが、根源的な意欲につながっていく[※36]のです。

貧乏は、お金の価値を伝えるとともに、子どもたちの「意欲」を育てていくのに役立つのです。

貧乏は、「工夫」を生む

ある企業で、若者たちによるボランティアチームが立ち上がりました。

※36 金銭的報酬や罰による「外発的動機付け」の限界と、自己決定感による「内発的動機付け」の向上については、『人を伸ばす力――内発と自律のすすめ』（エドワード・デシ、リチャード・フラスト）を参照。

その会社の資源を使ってある社会貢献型イベントを自ら行おう、という意欲あふれるものでした。

上司たちはその意欲を尊重しようと、遠巻きに見ています。

数カ月後、彼・彼女らは、そのイベントの中核となる交渉にも成功し、いよいよ実行段階に入ってきました。

そして実行プランを立て、了承を得るべく上司たちに説明し始めたのですが……すべて「あとはお金で解決」というものでした。

つまり、現場にモノを搬入する作業も、当日の什器や設備の調達も、「専門の会社に頼めば、これくらいの予算でやってもらえます～」という、なんの工夫もないものだったのです。

上司たちは絶句します。そりゃそうだけど、これはもともとボランティア活動なんだよね、もっと知恵とか体を使ってよ。例えば、こんな搬入、会社の車でできるじゃない。わざわざレンタルなんてしないでよ……。

きっとこんな例は日本中にいくらもあることでしょう。

すべてお金ですむ、と思うと人間、なんの工夫もしません。足りないからこそ、工夫をするのです。

1995年、灼熱のナイジェリア北部で「電気を使わない冷蔵庫 Pot-in-Pot Cooler」が生まれました。

電気も氷も使わずに、中のものを外気より14℃も下げられる画期的な発明でした。しかも価格は2ドル足らず。材料は粘土と砂と布で、冷やすのに必要なのは水だけ、というものです。

この「冷蔵庫《クーラー》」により、収穫した農産物は10倍長持ち（トマトやグアバなら2日が20日間に！）することになり、人々の生活効率を劇的に改善しました。せっかくの収穫物を、腐らせることも、投げ売りすることも、しなくてすむようになったのです。[※37] 冷たい安全な水も、飲めるようになりました。

これを発明したのは、職人の家に育った経営学の教師、アッバ（Mohammed Bah Abba）さん。

電気もない村々の人たちの生活を、なんとかよくしたい。でも、資源もお金も何にもない。あるのはただ太陽の光と土だけ。ここに、どうやったら「安価な食料保存システム」を導入できるのか……。

彼は生物学、化学、地質学を勉強し、さらに数年を費やして、ついに独創的な

※37 冷蔵庫を使用することで、収入が約3割増えたと報告されている。

アイデア「ポット・イン・ポット冷蔵庫」を考え出しました。

ないない尽くしのナイジェリア北部で、圧倒的に制約のある環境が生んだ、大発明でした。

そう、貧乏（＝足りない状態）こそが「工夫」を生むのです。足りないからこそ、それをどう効率的に使うか、必死になるのです。

貧乏で、「計画性」を持たせる

小学生のうち半分近くの子どもたちは、「月いくら」などではなく「必要に応じて」お小遣いをもらっています。[※38] かつ、月決めの子どもでも、その半分は「ほしいものがあるとき」に臨時のお小遣いをもらっています。

これでは「計画性」が育ちません。

ヒトやサルはその強力な学習能力で、他の動物たちに大きな差をつけました。しかしサルとヒトの差もまた圧倒的です。

ヒトの脳だけが、強力な記憶力を持ち、抽象的な思考ができ、計画性を持てる

※38 社団法人全国珠算教育連盟の首都圏の小4〜6年生への調査（2013年）では、56％が月や週で決めてもらっている。そのスタート時期は4年生が一番多い。

のです。目の前にあることに対処するだけなら、こんな機能はいりません。目の前にはいない者たちのことを想い、さらに将来のことを推定してそれに備えることができるがゆえに、ヒトは文明を創り上げることができたのです。

サルの計画性は、せいぜい2時間分、長くて1日分しかありません。他の動物よりはるかに長いのですが、それでは城は築けないのです。

ヒトの脳の中でも、そういった高次の機能[※39]を担っているのが前頭前野と呼ばれる場所です。

他の脳の部分と異なり、前頭前野の機能はなかなか完成しません。6歳頃からようやく発達が始まり、10歳前後が発達のピークで、20歳くらいまで続きます。その時期に、どういう訓練を積むかで、発達の仕方は大きく変わります。

子どもに**計画性を持たせたいと思うのであれば、お小遣いを月決めにし、少なめにするのが一番**です。

長めの時間の中で、ほしいものをどう手に入れるのか、もしくは日々の支出をどう切り詰めていくのか、という計画性が育ちます。

※39
その一つが「遂行機能」であり、目標設定→計画性→新しい情報との照合→臨機応変な対応→目標達成、というステップをとる。他にも、感情の抑制や、他人の認識や尊重、などもある。

これはお小遣いに限りません。

随時の指示・対応でなく、期間を区切ること。それもなるべく長めに区切ることで、子どもたちを計画的行動に導くことができます。例えば、

・**テレビを見ることの制限**：随時注意→1日30分→1週間で3時間半

・**帰宅時間の制限**（門限）：随時判断→年に3回は許可

・**お小遣いの制限**：ほしいとき随時→週に100円→月に400円→年に4800円

子どもたちの状況に合わせて、期間設定は変わるでしょう。

でも、ほしいときにあげる、だけはダメです。月決めお小遣いが、子どもたちの「計画性」を育てます。

お小遣いに、含まれないものをどうするか

日頃のお小遣いにどの範囲までを含むかは難しい話で、普通、勉強道具は範囲外（親が別途お金を出す）でしょうが、本や衣類、外食費はどうでしょう。

マンガはダメ？……『まんが 日本昔ばなし』は、どうしましょう。

本ならOK？……ゲームの攻略本は、どうしましょう。

服もさまざま。来年は着られないような明らかな流行品《はやりもの》は、どうしましょう？

友だちの誕生会が近所のスターバックスで。最低400円はかかる。親が出す？

部活で大会。会場の八王子までの交通費2日分（2800円）は？

勉強道具代は出すと言ったけれど、そのポーチみたいな筆箱って必要なの？

これらは三谷家で議論になったものです。都度決めることもありますが、細かく分類することは大変なので、基本的なルールを決めて対処してきました。

予算型

・本は月に1冊分は出してあげる。ジャンルや内容は問わない
・美容院は1000円のところに。ただし年3回だけは4000円の「ブレイン」に行っていい
・携帯電話の代わりにテレフォンカード。月1500円分
・コンタクトレンズ（1デイタイプ）は年間1万7000円まで。要は3カ月分

最低限型
・服は最少量（ズボンなら2本）を買ってあげる。でも前のを捨ててから
・ノートはシンプルなものならいくらでも。※40 でも飾りのあるものは自費で

個別の事情や初めてのことが、どんどん出てきます。気をつけるべきは、それらを「特別ね」ですませるのではなく、ルール化すること。

そうすれば、親子とも、困ることがなくなります。

いや、大人はすぐ忘れてしまので、ルール化したらすぐに「わが家のルール」帳に書き込みましょう。でないとあとでケンカになりますから……。

※40 ノートも通販等でまとめ買いすれば、一冊50円程度。

貧乏を楽しくする、ちょっとした工夫

三谷家の娘たちは、割と楽しく貧乏生活を送っていたように思います。

もちろんときどき、長女が「なんで卓球シューズを買ってくれないの！」とか叫んではいましたが。

おもちゃが自由に買えないので、彼女らはお金のかからない遊びが上手です。「アルプス一万尺」や「おちゃらかホイ」のような「手遊び」は、3人の間でいつもやっていました。驚異的なスピードです。

また、「折り紙」「あやとり」「レゴ」「秘密基地ごっこ」も、娘たちはほぼ毎日やっていました。

それらの材料は、色紙《いろがみ》に毛糸にレゴに、段ボールと毛布。

工夫と言うほどではありませんが、色紙やレゴは、家にいっぱい用意しておきました。レゴは基本形のみをバケツに2杯ほど（笑）

大きな段ボールも、すぐには捨てずしばらく家の中に放置しておきます。そうするといつの間にか、秘密基地や隠れ家や劇場になっている、という具合です。

また、子ども部屋には段ボール製のジャングルジムがありました。姉一家から

のお下がりで、プラスチック製のジョイントに、段ボールの筒を差し込むだけのものでしたが、とても丈夫で4段以上に組み上げていました。これもただひたすら、上ったり下ったり、潜ったりの繰り返し。

次女にその頃のことを聞いたら、「結局、子ども同士で遊ぶなら、特別なおもちゃはいらないんだよね」、と。

そうかもしれません。姉妹がいたことが、最高の楽しみだったのでしょう。

ではひとりっ子だったら？

そうしたら、もうひとりどこかから借りてくる作戦、ですね。子どもの相手を大人がやると疲れます。だから大人は、高価なおもちゃやディズニー・ビデオに頼ってしまうのです。**子どもの相手は子どもに限ります。**

そうして、色紙やレゴや段ボールを与えておけば、ＯＫです。

貧乏な子どもはどんどん伸びていく

いまの子どもたちにとって、自分の自由になるお金が多すぎます。だから、優先順位付けやトレードオフを学びません（学べません）。お小遣いが少なければ、考えます。

自分にとっては何がダイジで、何がそうではないか。もしくは、他のことで代用できないか、遊び自体をつくれないか、という工夫や創造も生まれます。

熱帯雨林の中でありあまる果物に囲まれていたら、サルはサルのままなのです。地上に降りて、暑い草原を歩き、[※41]生き残りに大変なところに移ったからこそ、ヒトはヒトになったのです。

長期的にものを考える計画性を身に付けて、厳しい環境を生き抜いたのです。子どもから大人への進化も、然り。ありあまるお小遣いの中では、決して意欲も工夫も創造性も、そして計画性も生まれません。

貧乏なところから、スタートさせましょう。

そして、徐々に任せる期間を長くしていきましょう。

ここでも子どもたちは、自分で決める感覚（自己決定感）を持ってどんどん進んでいくでしょう。

2010年の春、大学1年生になりひとり暮らしを始めた長女に、「生活スタート資金」をまとめて渡しました。家具も食器も電化製品も、すべてそれで揃

※41
ヒトは草原の熱暑の中で、大脳を守るために発汗作用を発達させ、毛皮を捨ててつるつるの肌になった、と考えられている。

えなさいと。

結果的には、それを安易に使い切ったことで、最初の月は仕送りでは足りず、彼女は親に前借りをするハメに。

う〜ん、まだまだ修業だねえ。

モノローグ 4

長女～誕生日プレゼントは専用トイレ

最近まで私の家族への誕生日プレゼントは、折り紙とか、切り絵のバースデーカードとか手づくり品だった。

それは、お金がなくて、しかも時間がなくて追いつめられた結果でもある（笑）。そのひとつが、アオイが小5のときの「専用トイレ」プレゼントだった。

体調を崩して数日、家に引きこもっていた私は、ついに妹の誕生日プレゼントを買いに行きそびれた。

「仕方ない、なにか手づくりするか」

しかしごろごろと寝ているうちに、もう妹が学校から帰ってくる時間。

「やばい、どこでプレゼントを用意しよう……」

手づくりの現場を妹に見つかると、大変つまらない。

そこで考えたのが「トイレにこもってプレゼントをつくること」だっ

た（うちにはトイレが二つある）。

2階のトイレに私が持ち込んだのは「部屋に転がってた紙テープ」「はさみ」と「両面テープ」。

まず思いついたのは、紙テープをくるくる巻いて立体的な「星」をつくること。これをもくもくとつくり続けて20分。でもこれだけじゃなぁ……。

そして、末っ子であるアオイが、何を喜ぶかを考えていてひらめいた。アオイがうれしいのは「独り占め(*´ω`*)！」的なこと。

じゃぁ、トイレを独り占めさせてあげよう！

で、紙テープを使って「アオイ専用1日限定トイレ」をつくるべく、トイレの中を紙テープでデコレーションした。

結構時間がかかったので、途中でバレないように隠しておくのが大変だった(;´ω`)

ずっといないとバレるから、ときどきは夕食の準備の手伝いに顔を出す。その間はトイレの鍵を外からかける。そうやって、ちまちまつくってなんとか夕方の誕生会に間に合った。

ホントは食後にお披露目したかったけど、その前にお母さんが「トイレに外から鍵かけたの誰！」と叫んだので、潮時だと思って家族みんなを2階のトイレ前に集合させた。

これがお姉ちゃんからの、誕生日プレゼントだよ！　明日の夕方まで、ひとりで使っていいよ〜。

受けたので、大満足。親にはもちろん事後承諾（笑）

ムスメ語録❸

「子ども同士で遊ぶなら、特別なおもちゃはいらないんだよ。」

ヒマ——自由な時間と裁量を与える

ヒマが、「発想」を生む

最初に、ちょっと面白い「詩」を紹介します。

ひるすぎ／めをあけろ／おもてへ
こうえんのそら／いぬやむし くさ はな ほね
かぜふわりとゆれ／みちにまよつた

さて、問題です。これは「どんな」詩でしょうか？

「どんな」と言われてどう考えるでしょう。意味、形式、韻《いん》の踏み方、情景……。

これは長女が高1の頃、つくったものなのですが、ヒントは、そのつくり方にあります。**この詩は、わが家の冷蔵庫に「マグネット式のひらがなブロック」を貼り付けてつくられた**ものなのです。

そう、**答えは「いろは歌」**です。

あの「いろはにほへとちりぬるを……」と同じく、五十音（現代音では46文字）を1回ずつ、すべて使ってつくられた詩なのです。

ひらがなブロックは三女（当時小4）が、学校の親子会でもらってきました。

そういうものでも彼女らはうれしいのです。おもちゃは家にあんまりありませんし。

キッチンの冷蔵庫をキャンバスに、まずは三女がゲームを始めました。お母さんとの、単語づくりゲームです。

ひらがな3文字で単語を交互につくる。どんな単語でもよい。

「くさき」「おもて」「まよう」……。

でも、どんどん使えるひらがなが減っていくから、5回も繰り返すと急につらくなる。そして、最後に詰まった方が、負け。

その次は、長い単語づくりゲーム。単純につくった単語の長さを競う。その日の夕刻、遊びに来た小1の女の子が、ひとり熱心に文章をつくり始めました。そのひとつが、「みちにまよったね」。

仕上げは長女です。

翌朝、珍しく休日なのに早起きした長女がそれを眺めて……。ヒマつぶしに30分ほどでつくり上げたのが、この「いろは歌」なのです。

出来合いのおもちゃ（ゲーム等）があまりなくて、時間があって、仲間がいるから子どもたちは自分で遊びをつくり出す。

強制など必要ありません。でも**その条件（ヒマや貧乏や仲間）をつくれるのは、親しかいない**のです。

「ホモ・ルーデンス」＝遊ぶヒト

〝ヒト〟を他の動物と区別する行為のひとつが「遊び」です。

多くの高等動物も、生まれてすぐは遊びますし、成体になっても遊ぶ動物もいます（イルカやカラス、パンダなどなど）。

でも、人間は、特別です。

もし、生命維持に必要な活動以外の活動を、すべて「遊び」とするのなら、ヒトの活動のほとんどは遊び[※42]と言えるでしょう。

遊びとは何かというだけで、ひとつの学問となり得るくらい深い世界ですが、遊び研究の先駆者である歴史家のヨハン・ホイジンガ氏は、言い切りました。

「遊びは遊びのためにある」「遊びはヒトの本質である」と。

彼の代表的著作の題名は『ホモ・ルーデンス（Homo Ludens）』。遊ぶヒト、という意味です。

現代人類ホモ・サピエンス（Homo Sapiens）は、考えるヒト、知恵あるヒトという意味ですが、彼はそれに対して、**考えるだけでなく、遊ぶということ自体がヒトが〝ヒト〟たるゆえん**なのだ、と主張したのです。

学問もスポーツも遊びだ、政治や戦争すらある意味でそうだ、と。彼はこう言います。

・遊びとは自由な独立した行動である。強制されるものではなく、何かのために行うものでもない

※42
自然界のパンダの活動時間はほとんどが睡眠（10～16時間）と食事。起きている間はほとんど食べている。遊びに回す余分な時間もカロリーもない。

・ゆえにその第一条件は、ヒトにヒマ（＝自由な時間）があることである
・遊びの根源は、面白さ、である。面白さ自体は定義できない
・ただし、面白くあるために遊びには適度なルール（＝制約）が存在する

ヒトが最大限の創造性を発揮し、熱意を持つのはまさに遊びの領域においてでしょう。それがいわゆる仕事であっても勉強であっても、同じです。

逆に言えば、子ども時代の遊びが、将来への訓練としていかに重要かということでもあります。

そして**子どもたちが存分に「遊ぶ」ための条件が、ヒマ（自由な時間）と貧乏（制約）**なのです。

ヒマが、「自律」を促す

休み前になると娘たちは、あたふたと動き出します。友だちに電話したり、親戚に電話したり、手帳を確認したり。

放っておくと週末、あまりにヒマになるからです。

わが家では「週末にお父さんが家族サービス」という概念はありません。普段からコミュニケーションはとっているのと、たまに大きな旅行をしますから、それで十分、と。

まあ、三人三様ではありますが、子どもたちも親には期待していなくて、**自分の週末の遊び先を自分で開拓**してきます。

週末の例えば、ある土曜日はこんな感じです。

・三女＝友だち親子（母娘）にくっついてディズニーランドへ
・長女＝電車で30分のグランマ（母方の祖母のこと）たちの家でお泊まり
・次女＝それならお母さんを独り占めできるから自宅でのんびり

長女や三女は友だち親子が出かけるときに、くっついていく「コバンザメ作戦」が得意でした。

週末、これといった予定がないことが多いので、ある子が「お友だちと一緒に遊びに行こう！」と急に思いたったとき、お誘いに対応しやすいのです。

先に声を掛けられたのは、もっと仲のいい子にかもしれません。でもたぶんその子は忙しいのです。塾や習いごとで。

でも三谷家の子どもたちはヒマ（笑）

また、先方の親からしても、わが子ひとりを連れて行くよりは、よっぽど楽です。やっぱり、子どもは子ども同士が一番、なので。

家にいることに決めた次女は、週末の計画表をつくり始めます。

いくら何でもそのまま突入しては、いつもの遊び相手（姉・妹）がいないので、ヒマで死にそうになります。

だから、ムリヤリ、週末の予定表をつくります。例えばこんなふうに。

ちなみに（　）内は私の推定です。

・チャリとる（長女が駅近くに放置した自転車を取りに行く）
・古文単語450まで（暗記する、ということか）
・ふろ（お風呂に日中入る）
・ハンゾー！（ゲームらしい）

・T・T（タオルを、畳む。チームティーチングでは、ない）
・ITOYA（文房具を買いに伊東屋に行く）
・1まんぽる（1万歩、歩く）
・ぷんすかぷん（意味不明だが、そのときの気持ちらしい）
・スタバに行く（そのまんま。でもたぶんそこで勉強）

これは、次女が高2の頃につくったもの。

『たいだなミライの本日のミッション』と名付けられて、冷蔵庫にバーンと貼ってありました。一応勉強も入ってますね。

次女は言います。

「ちっちゃいとき、毎日どうやってヒマをつぶすか必死だった」

親は頼りになりません。自分で、遊びを考えるしかないのです。

そういえば長女も5歳のときに、週末になると友だちの家に電話して、遊びのアポを取っていたような……。

ヒマな週末、ヒマな放課後。そこから「自律的行動」が始まります。

でも、子どもたちは忙しい

ベネッセの調査（13年）では、**小学生の9割が「習いごと」に勤しみ、その平均は週に2・5日。**20年前に比べると、約1日増えています。

習いごとを始めたきっかけの半数は親（ほとんど母親）の薦めであり、子ども自身が望んだのは37％にすぎません。

習いごとの双璧は、水泳（34％）と音楽（24％）で、これは昔から変わりません。ただ、長年3位だった習字が若干落ちる一方で、新たに上がってきたのが英語などの語学（15％）です。

運動に、音楽に、語学にと、子どもたちはとっても忙しいのです。

これにさらに、学習塾が加わります。

小学生のなんと4人に1人は、習いごとと塾に週4日以上通っている[※43]のです。

そして家にいるとき、子どもたちは「テレビ」「ゲーム」「マンガ」でその貴重な自由時間をつぶしてしまっています。いや、移動などのちょっとの隙間時間すら「携帯電話」が奪っていきます。

※43 ベネッセ教育総合研究所「学校外教育活動に関する調査 2013」

ヒマにとって、携帯電話は特に強敵です。

携帯電話の保有率は全国平均で、小学生低学年でも3割、高学年で4～5割、中学生では6割、高校生ではなんと94%[※44]に達します。塾通いの子で高く、男子を女子が大きく上回ります。

安全への不安がその理由です。学校で警察の方々がいくら「子どもが犯罪に巻き込まれる原因の第一は携帯電話」と叫んでも、親たちには届きません。

そして大人がそうであるように、携帯電話はいつでもどこにでも入り込んで[※45]、ヒマな時間を呑み込んでいきます。「携帯メール」「携帯ゲーム」「携帯マンガ」などで。

いまの子どもたちに、真に自由（＝ヒマ）な時間は少ないのです。

1日の予定は、ほぼ親（と学校）によって埋められ、その間の時間に必死で、テレビを見、ゲームをし、携帯をいじります。

まるでそれがストレス発散だとでもいうように。

※44 MMD研究所「2014年子供を持つ母親の携帯電話・スマートフォンに関する意識調査」。

※45 高校生では女子の19%が「お風呂で携帯電話をよく使う」、42%が「たまに使う」（マクロミル、09年9月調査）。また中高生の5割が「夜、布団に入っていると き使う」（京都市教育委員会、09年6～7月調査）。

テレビやゲームをどう制限するのか

子どもを塾に（安易には）行かせない、習いごとはひとつだけに制限する。それだけで、子どもたちには自由な時間がいっぱいできます。小学生なら友だちと外で遊ぶのが、一番でしょう。

でもいつもはムリかもしれません。相手もあれば天気もあります。家の中で過ごすことも少なからずあるでしょう。そこに待ち受けているのが、テレビとゲームです。

これを制限しない限り、ヒマはあっという間に食いつぶされてしまいます。これもどう制限するのかの一般論はあるでしょうけれど、三谷家ではこんなルールをつくっています。

・テレビとゲームとパソコン（いずれも共用がリビング・ダイニングにある）を合わせて1日30分以内。ただし、1週間合計で3時間半に収まればよい
・いずれも基本は夜9時まで。それ以降のものは録画するなりすべし。パソコンは9時でインターネット接続が切れる

・ただし早起きして、朝食事前に見る分はこれらに数えない
・ゲーム機本体（とほとんどのゲームソフト）はお父さんの私物なので、使うときは許可を得ること
・パソコンではブログやチャット禁止

ドラマや嵐系バラエティが大好きな三女は、番組改編期になると、新しいドラマをざーっと見て決めます。「今回見るのは、これとこれとこれ！」

番組初回をとりあえず録画して、翌日、CMをとばして1・3倍速とかで見ると、いわゆる「1時間番組」を40分弱で見られるようで、週に3〜4本のドラマやバラエティを常にフォローしています。

見たいドラマが立て込んでいるときには、朝も妙に早起きになり、気がつくと朝、テレビの前にいたりします。

もちろんルール内でのことなので、親から文句は言われません。

ただ、親が必ず家にいて監視しているわけでもなく、「1日30分」を守らせるのは簡単ではありませんし、完全にできているとも思っていません。

それでも、ルールなので、もし破っていることがわかれば、1週間くらいはテ

レビ、ゲーム、パソコン禁止、です。

ここは譲れないところです。

テレビもゲームもパソコンも、あまりに刺激が強いので、制限がなければ絶対、取り込まれてしまいます。

これこそ絶好の「トレードオフ」や「取捨選択」の練習の機会、と思って子どもに負けないよう、頑張りましょう。

携帯電話をどう制限するのか

携帯電話については、規制すべきという考えと、自由に使わせるべきという考えがあります。

前者は「あまりに有害な情報が多いから」という理由からですし、後者は「だからこそ子ども自身が経験して学ばなくてはいけない」と論じています。

極論すれば、どちらでもよいのです。

これも自由と制限の練習、ととらえましょう。

携帯電話を自由に使わせた方が、将来生きる力のある子に育つのか、それとも制限した方がよいのかはわかりません。この世で誰も「ネットに囲まれた子ども時代」を経験した大人がいないのですから。

10年後にはわかっているかもしれませんが、いまの子育てには間に合いません。だからといって判断を放棄するのも間違っています。「専門家」はいろいろ言い立てますが、誰も責任をとってはくれません。

だから親自身が、わからないながらに「決める」しかないのです。

三谷家では小中学校は地元の公立、と決めていたので娘たちに普段、携帯電話を持たせる必要性はありません。仮に、ちょっと遠くの学校や学習塾に通っていたとしても、最近は「学校を出たら親にお知らせメール」みたいなサービスがあるので、それほどの必要性は感じなかったでしょう。

ケータイルール1＝小中学生の間は、携帯電話は持たない

高校になるとどうしても学校が遠くなりますし、帰りが遅くもなります。なので「持ってもいい」ことにしました。「持たせる」ではありません。

ケータイルール2＝高校生になったら所持の申請ができる

ただし、「お手伝い至上主義」である以上、条件があります。それはもちろん「お手伝いがちゃんとできている」こと。そうでなければ申請そのものができないことにしました。

ケータイルール3＝お手伝いや部屋の片付けができていなかったら申請不可

他にも、高校生の間は、用途と費用について強い制限をしています。

ケータイルール4＝携帯メールやLINE《ライン》は家族内に限ること。[※46]それ以外のネットやゲーム利用は禁止。契約者名は保護者[※47]

ケータイルール5＝使用料は月3500円まで。限度額を超えた分は翌月のお小遣いから引く

※46 娘たちは、パソコンメールアドレスは、小2や保育園の頃から持っていて使っている。

※47 契約者名が保護者でないと、何かあったときの情報開示等に異常に手間と時間がかかる。

これらのルールが、良いのか悪いのか、わかりません。将来にどう響くのかもいまのところ不明です。ただ、娘たちにとって不便であったことだけは、確かです。なんせ「みんなと違う」のですから。

でも、決めなくてはいけないから、決めました。

ある日、娘たち全員に理由とともに通達しました。みな、わかった、と。

そして3年後、戦争が起きました。

ケータイ戦争①～長女の反乱

長女は、ルール1「小中学生の間は、携帯電話は持たない」はなんということもなくクリアしましたが、高校生になったとき、ルール3「お手伝いや部屋の片付けができていなかったら申請不可」であっさり引っかかりました。

部屋が、片付いていなかったのです。

具体的描写は割愛しますが、要は部屋がめちゃくちゃだったのです。彼女にとってもっとダイジなこと（卓球！）があったので、部屋の片付けは最後の最後まで、……いや結局やらない感じでした。なので「申請不可」状態です。

彼女もルールはわかっていて、それ自体に異を唱えることはなかったのですが、相当、困っていたようでした。

S都立高校入学時、同学年で携帯電話を持っていなかったのは、たぶん2人だけ。当時、東京都内では高校生の所持率が98％でしたから、そんなものでしょう。

大人もそうですが、**最近の待ち合わせの約束は、きわめていい加減です。**段取りなし。「あとで渋谷で」だけですませます。携帯電話があれば、それでいいのです。

でも、そこに長女が混じるとそうはいきません。昔のように事前の話し合いと伝達が必要です。もしくは待ち合わせに失敗したときの対策（エマージェンシープラン）も。

そう、困っていたのは長女だけでなく、周りの友だちたちも、でした。

ある日、友人たちが数名集まって長女に言います。

「お父さんに、みんなで抗議してあげる！」

元凶《げんきょう》が私だと、わかっていたからでしょう。ターゲットの設定は的確です

（笑）。でも長女もさるもの。冷静に友人たちに言いました。

「う～ん、逆効果だと思うから、いいや」

その通り。三谷家では「他の子も持っているから」とか「他の家と同じに」という理由は、一切通りません。だから、その判断は正しかったでしょう。

でも、長女自身が一番困っていたので、突破口として母親を攻めてきます。

「ケータイなしで、私がどんなに大変だかわかる！」

携帯電話の話はお父さんにして、と受け流そうとしても許しません。

「判断しろなんて言ってない。お母さんの意見が聞きたいだけ。お母さんには自分の意見がないの？」

こういった苛烈《かれつ》な口撃に耐えかねた母親が、子どもの味方について、父親も陥落、がたいていの家庭での図式です。が、そこは一枚岩なので崩れません。

ついに激高した長女は、はだしで家を飛び出して……。そんなことが、1年間で2回くらいあったでしょうか。

そう、彼女の部屋は、やっぱり片付かなかったのです。

高1の終わり頃、さらなる悲劇が彼女を襲います。NTT東日本がS高校にたった1台あった緑の公衆電話を撤去したのです。突然の出来事でした。

長女はさすがに困り果てて、泣きついてきます。どうすればいいの、と。

でもそのとき私は長女に言いました。

「ＮＴＴには抗議したの？　ひとりは使っていること、わかっているはずだよね」

「高校の先生には相談した？　生徒の連絡手段を奪うのだから、公衆電話の代替策を求めなさい」

こんなことでは「お手伝い至上主義」はまげられません。

結局、必要なときには職員室の電話を貸してもらえる、ということになりました。長女は「友だちとの電話を職員室でかけられるわけないでしょ！」と不満だったようですが（笑）

そして**高2の春、ついに部屋が片付き始めました。**

長女にどんな心境の変化があったのかはわかりませんが、１カ月ほど様子を見て、言いました。

「携帯電話所持の申請を認める」

実はまだその先があるのですが、それはまた後日。

ケータイ戦争②～次女の涙

ちょうど同じ頃、クールな次女は中学生活をマイペースで、携帯電話なしで楽しんでいました。

あまり友だちと遊び歩くタイプでもなく、携帯電話に対しても冷淡で、「私、高校になってもいらないかも」「お姉ちゃんは騒ぎすぎ」といった調子。

ところがある日の夜、私の書斎にひとりでやってきました。相談がある、と。

携帯電話がほしい、という彼女は一生懸命説明します。どういうとき携帯電話が必要か、それはどうしてなのか、を。

でもそのほとんどは「たまに」のことであり、今まで通り「お母さんのを借りる」程度ですむ話。なので、そう伝えて、却下しました。

2時間後、また私の書斎にやってきた次女は、部屋の真ん中に座り込みます。

そして、**声も立てずに泣き始め、大粒の涙を床に落とします**。

しばらくして、顔も上げずに話し始めました。

「お父さん、知っているかわかんないけど、私、最近友だちとうまくいってないの」「みんな、携帯持っているから、来たメールに即レスするんだけど、私だけパソコンだから返事が遅れるの」

「そうするとね、みんなから『返事が遅いってことはイヤだってこと?』とか言われちゃうの。そんなことないのに……」

「このままだと、私、友だちいなくなっちゃう」

これは、さすがに参りました。どう答えればいいでしょう。

彼女が友だちとうまくいっていないことは知っていました。そして、ここ2、3週間、パソコンにへばりついてメールに即レスしまくっていることも。

さてさて……。


深呼吸して、私は彼女に話しかけます。

「大変だね。話してくれてありがとう」

「でも、それは携帯電話の話では、ないと思うな」

「それはあなたの友だち関係そのものの話」「携帯電話を持たないとうまくいかないような関係なら、そもそも友だちじゃないんじゃないかな」

「でも、お父さんもちょっと考えるから、今日はもう寝なさい」

と、再び携帯申請は却下し、部屋に戻しました。

私はその後、**即座に高校生の長女を呼んで、この件を相談**します。そして調査を依頼しました。

「片方からだけ聞いていても、本当のところはわからない」

「ミライの友だちとかその兄姉に、どんな感じなのか聞いてみて」

長女はその地元人脈を駆使して、すぐにあちこちに電話やメールを飛ばし、情報収集を始めました。翌日早速、報告があがってきます。

長女の結論としては、「まぁ、どっちもどっちな感じだから、放っておいてイインジャナイ」ということで、そのままにすることに決め、状況を見守りました。

結果としては、数週間で落ち着きました。そのときの友だちとは、ちょっと距離を置いたようですが。

次女はまた、いつものクール・ビューティに戻りました。

でも私の書斎の床には、まだ、次女の涙の跡が、かすかに残っているのです。

それを見るたび思います。

「お父さんって、ときどき大変」

あ、いや、お母さんはいつも大変、ですね。はい。

ヒマを楽しくする、ちょっとした工夫

テレビやゲーム機やパソコンがあるから、そもそも見る見ない、使う使わないでストレスがたまるのでしょう。だから、思い切って（故障を機に）テレビを捨てたら、ものスゴク家族の会話が増えた、という家庭の話はよく聞きます。

でも私がそこまで思い切れないので、わが家にはテレビ（1台だけ！）もゲーム機（4台……）もパソコン（私2台と家族共用1台）もあります。

なので、パソコンアカウントの時間制限（9時になったら子ども用は使えなくなる）などをしているわけです。

でも、お手伝いや貧乏と違って、ヒマを楽しくするための工夫など、特にはいらないのでしょう。

子どもにとって、自由な時間とはそもそも楽しいもの。

この時間をムダに過ごしたくないと思えば、何かを自分から始めるでしょうし、ムダでもよいと思えばのんびりすごすのでしょう。

次女が中学のとき、あまりにマイペースなので、聞いたことがあります。休みの日にもっと何かしないの、と。

そうしたら即答されました。

「お休みは、休むものでしょ」

そうです。その通り。

もう言いません、お任せします、と即時撤退しました。

ヒマな時間はつくり出すまでが親の仕事。あとは邪魔せず、放っておきましょう。

そこで何やら指示を始めたら、何のためにヒマをつくり出したのか、わからなくなってしまいます。

そう、もし何かコツがあるとしたら、

- 親がイラつかないように、ヒマにしている子どもを見なくする
- 問題が起きたときには、即座に対応するが、即答はしない

ということかもしれません。

ヒマな時間を楽しめる子は人生に悩まない

ヒマな時間というものが、いかに大切で貴重なものであるかを知ったのは、実は浪人時代でした。

一発勝負の大学入試[※48]にあえなく落ちて、予備校に通うことになりました。18歳の春、家を出て東京でひとり、下宿屋暮らしです。

突然ヒマになりました。

いや、それまでも自由な時間はいっぱいあったのですが、「予備校で学ぶ」「その予習復習」しかない生活が始まってびっくり。

家業手伝いがないので、すごくヒマなのです。

予備校も、午前中は2次試験の必須科目だったのでまじめに出席していましたが、午後は共通一次試験（当時）向けの科目のみ。これをサボると、なんと午後いっぱい、やることは家での予習復習しかありません。そんなものせいぜい4時間もやれば疲れ果ててしまいます。

残り6時間あまりを一体どうするのか？

同じ下宿の浪人仲間たちは、パチンコや麻雀、いろんなものにハマっていきま

※48 国立の第一志望しか受けなかった

したが、私は結局、本の乱読に走りました。

もともと本好きでしたけれど、読んでいたのはＳＦか科学書のみ。ところが予備校がお茶の水にあったせいもあり、ほぼ毎日昼食後、歩いて駿河台下の三省堂本店に通って、ヒマつぶしに全フロアを、親友（彼も同じところで浪人……）と巡回することに。

そして、さまざまな本に出会いました。

最初に読んだのが司馬遼太郎の『竜馬がゆく』全８巻だったと思います。

これで人生が変わりました（笑）

人生に悩む時間は、子どもたちには必須です。

「夢」は98％、破れます。

だから**人生とは、「夢」を自分でつくり、その実現のために計画を立て、実行し、そしてそれが奮闘むなしく破れた後、また再構築する、ということの繰り返し**なのです。

そういったチャレンジし続ける力は、自分を見つめ、他人を見つめる膨大な時間の中から生まれるものです。

その試行錯誤と悩みの時期を発達心理学では、**モラトリアム**と呼びます。

決して否定的な意味ではなく、子どもが自らのアイデンティティを最初に確立[※49]するための、大事な時間なのです。

その過程の中で、子どもたちは見つけていきます。

自分が飽きず頑張れることは何なのかを。

それを続けて一人前に稼げることは何なのかを。

ヒマを楽しむことで、人生に思いっきり悩むことで、子どもたちは大人への階《かい》梯《てい》を上っていくのです。

与えられた忙しさの中で大人になって、初めて人生に悩んでは遅いのです。いや、何ごとも遅すぎることはありません。ただ、その悩みはとても深くなることでしょう。

ヒマな時間を楽しみ、悩みながら発想と自律性を得た子どもたちは、その後の人生で悩むことが減るのです。

※49 一般的には中高生から大学生の青年期の課題とされるが、大人になっても繰り返す場合が多い。

モノローグ5

長女～ヒマから出た思いつき

私のこれまでの中で、イイ思いつき！　って言えるものはなんだろう。それは実は単発のアイデアじゃない。呼び方はよくわからないけど、例えばこういうこと。

・鏡文字を書く練習をして速く書けるようになる
（暗号に使える＆楽しい）

・ごはんを食べてるとき、1回は「おいしい」って言うことにする
（おいしくなる＆感謝が伝わる）

・ケータイのメモ帳になんでも面白いことを書き留めることにする
（ヒマなとき必死で考える）

これはみんな自分にとって、すごくイイ思いつきだった。ずっと続けたくなるくらい（で、続けてる）。

なぜ面白いことを書き留めるようにしたかというと、それはお父さんが昔『空気はなぜ透明か』っていう本[※50]を書いたのがきっかけかな。

そのとき、「空気は透明だ」っていう「常識」を疑うことが、楽しいことだって知った。

それでヒマなときには、いろいろチャレンジしてみた。周りを見わたして「常識」を探して、それを疑ってみる。

いままで最高の発見（?）のひとつは、「実は自分たちはコンピュータのシミュレーション」なんじゃないかってこと。

実在しているわけではなく、バーチャルな存在。

考えてはいるんだけど、実はコンピュータプログラム。

「胡蝶の夢[※51]」というのを国語で習ったけれど、そんな感じかな。どうにかして、真相をつきとめてみたいな。

「いろは歌」をつくったときもそうだったけど、ヒマなときに必死で考えると、うまくいく。ヒマなときに近くにあるもので、全力で遊ぶ。

そうすると面白いことが見つかったり、考えついたりする。

※50
06年刊行『観想力』の副題。ちなみにこの本の校正は当時中2の次女がやった。

※51
中国の宋の時代の思想家、荘周（『荘子』を書いた）による説話。昔者荘周夢為胡蝶（私荘周は夢の中で胡蝶となった）から始まる。

そういう意味では、最近ちょっと携帯電話やパソコンの使いすぎかもね。メールやメッセンジャーは好きだから、ずっとやっちゃう。

それはちょっと、反省。

ムスメ語録❹

お休みは、休むものでしょ。

「ヒマ・貧乏・お手伝い」を習慣にする、が答え

この第2章がこの本の中核です。なのでここまでの内容を、ちょっとおさらいしてみましょう。

「お手伝い」

・効用――お手伝いの効用は、**生きる力のアップ**であり就職力にもつながる。**段取り力や意思決定力**が培われるため。また、お手伝いをしっかりする子は**道徳心**や**正義感**が非常に強く、コミュニケーション力や課題解決力に優れる、学力が高い、という傾向がある

・現状――お手伝いを子どもにさせるのは面倒なので、熱心にさせる親は2割前後である。しかし、促進活動によって、お手伝いをする子の率は2倍以上になる

・内容――家業手伝いがベストだが、**家事中心でＯＫ**。**「お手伝い至上主義」**で、**何よりも優先させる**。**「係」として任せ、**いちいち声かけや指示をしないこ

と。やらないならみんなでその不便を忍ぶ。コツは早めに始めることと、楽しさの演出

「貧乏」
・効用――貧乏＝足りないことは**何より意欲を生む**。工夫や計画性、トレードオフや交渉力に加えて、他人との関わりやコミュニケーション力にもつながる
・現状――親は小中学生に対しては小遣いを絞っているように見えるが、ジジババからの臨時収入が多く、また、好きなものは頼めば買ってもらえる場合が多い
・内容――**定額で定期的に渡す**こと。お小遣いに何が含まれるのか、明確にしておく。整髪など含まれないものも、予算や最低限の条件を決めておく

「ヒマ」
・効用――ヒマこそが**自律と発想を生む**。ヒトとは遊ぶ存在《ホモ・ルーデンス》である
・現状――子どもは学習塾や習いごとに忙しい。空いている時間も、テレビや

ゲーム、ケータイといった受動的な活動に食い尽くされている
・内容――習いごとはひとつに絞る。テレビやゲーム、パソコンも週に何時間まで、で区切る。**携帯電話の規制**は大変だが、LINEやゲーム禁止を前提にしてみる

ヒマで貧乏であること、お手伝いをすることを「習慣」にする！

みなさんの家庭で、使えそうな考え方やコツは、ありましたか？

でも、問題は「どう実践するか」なのです。

『7つの習慣』という世界的ベストセラー[※52]があります。世界中で2000万部が読まれ、今なお売れ続けています。著者のスティーブン・R・コヴィー氏は次のように記しています。

・人生には共通の原則がある（自分を変えてから外部を変える、等）
・成功した人にはその原則に従う行動や姿勢が7つある
・だから、それを習慣として身に付けよう

※52 原著『The 7 Habits of Highly Effective People』は89年、日本語版（キングベアー出版）は96年に出版。2013年のマンガ版（宝島社）も大ヒット。

「Be Proactive（主体的であり続ける）」に始まる7つの習慣は、各々に含蓄がある素晴らしいものです。

ただ、ここで面白いのは、著者がこれら**成功者の行動や姿勢**を、「努力」や「ノウハウ」「技」「知識」でなく**「習慣（Habit）」としてとらえなおしている**ことでしょう。

「習慣」とは、何でしょうか？　ノウハウや知識とどう違うのでしょう。

習慣とは「ある人がとる特定の行動・思考様式（考え方や行動の仕方）」なのですが、特にそれらが、

・後天的に身に付けたもの（生まれつき、ではない）
・固定化されているもの（苦でなく、楽にできる）

であることです。無意識に行われることも多く、その行動や思考の実行に、努力や頑張りを必要としない状態です。

何ごとも、こうなったら楽チンです。

一方、あることが習慣化されるには、通常、膨大な意識的繰り返しが必要で、

いくつも一遍に身に付けることはできません。だから、『7つの習慣』の著者は、身に付けるべき習慣候補を、7つに絞ったのです。

でも、ここでは、たった3つです。

親から見れば「お手伝いをさせる」「貧乏にする」「ヒマにする」。

子どもからすれば「お手伝いを効率化・遊びにする」「貧乏を切り抜ける」「ヒマを楽しむ」。

これらのいずれも、**（親子ともに）繰り返して慣れてしまえば、それほどのことではない**のです。

90日間、3カ月頑張れば、なんとかなります。

野球エリートでなく社会人を育てる沖縄興南高校

沖縄興南《こうなん》高校は2010年夏に甲子園で優勝し、春夏連覇を果たしました。全国4000校の頂点に、2度連続で立ったのです。

07年春、我喜屋優《がきやまさる》監督は30年間を過ごした北海道を離れ、沖縄に戻って母校で野球部の指揮を執り始めました。そして、その夏にはもうチームを初の甲子園出場に導いたのです。

もともとチームの潜在力が高かったのでしょうか？

問われて彼はこう答えています。


「僕が興南に監督として来たときの子どもたちには驚いたねぇ。（夜になっても部員たちが）寝ない、（朝）起きられない、（朝食を）食べられない、整理整頓できない、あいさつできない、（人前で）しゃべれない。もう、ないない尽くしで、お前たち、よくこれで甲子園を目指しますなんて言えたな、と（苦笑）」

「だから、生活面では容赦しなかった。学ぶ力があれば野球は上手くなるんですよ。『なんくるないさ』[※53]なんて絶対に言わせない。時間厳守、整理整頓、あいさつの徹底、ですよ」


でも、これは単なる規則でがんじがらめの過干渉とは、まったく違います。

我喜屋監督の教育目標は、ずばり、「自ら考え行動する人づくり」なのです。そ

※53
沖縄の方言。「なんとかなるさ」という意味、1日に10回は使う、と私の友人は言っていた。

のために、彼はビジネスの世界で一般的に使われている「PDCAサイクル※54」を用いています。

自ら練習の計画を立て、実行する。評価は大人の手を借りるが、その見つかった課題をどう修正するかは、また自分で考えて実施する。その繰り返《サイクル》しです。

他にも、選手たちに大きなテーマを与えて、自分たちで対策案をつくらせたりもします。

例えば「学力対策委員会」。部員たちは自分たちで議論し、「試験前2週間は練習時間短縮！」を自ら打ち出したりします。

我喜屋監督は言います。興南高校野球部は野球エリートを育てるところではない、**やりきる社会人をつくり上げるところ**だ、と。

だから、正選手《レギュラー》だけを優遇することもしませんし、おそらくは絶対正選手になれない（だから甲子園の土も踏めない）残り8割の部員も、部をやめさせません。

「お前らここで仕事のやり方をしっかり身に付けろ」

「それで社会人になってから、あいつらレギュラーを、部下として使えばいいんだ。いまは悔しいだろうけれど、きっと役に立つからやめずに頑張れ！」

※54 Plan（計画）→Do（実行）→Check（評価）→Act（修正）を繰り返すこと。

「朝のゴミ拾い散歩」習慣が自律の心を育てる

就任直後、彼が「ないない尽くし」の選手たちの意識改革のために始めたのは「朝のゴミ拾い散歩」でした。

全員で早起きして、寮の周りを散歩して、ゴミを拾います。そして散歩から帰ってきたら、そのとき気がついたことを1分間でスピーチするのです。

ゴミが落ちているのは誰かのミス、心のほころびだ。それを拾うことを通じて、チームワークの基礎ができ、自分から考え動く姿勢ができる、と我喜屋監督は言います。

最後には全員が朝ちゃんと起きられるようになり、いままで気がつかなかったことに気がつくようになり、ゴミも無意識に拾うようになったそうです。

選手たち自らが自分の足りないところを考え、チームの弱いところを見つけ、それを強くするためにどんな練習をしようかと、考えられるようになりました。

それまで3カ月。

毎朝の、でもたった90日間の修業が、子どもたちが「自分で考え行動する」ための基礎をつくったのです。そしてそれが興南高校野球部を、史上6校目の甲子園春夏連覇へと導いたのです。

もちろん、野球部の「早朝のゴミ拾い散歩」は、いまも毎日続けられています。

朝のゴミ拾い散歩、子どもとやってみませんか？

仕事の進め方から学ぶこと

『シゴトの流れを整える』という本で、山のような仕事を渋滞させずに上手に流す「整流化」のための方法を考え、それを習慣化する方法を書きました。

習慣化の方法としては11ほど（多い！）を挙げましたが、ここで使えそうなのは、次の7つでしょうか。

❶ 絞って選んでヒトマネする
❷ 既存の習慣にくっつける
❸ 他人に宣言し、スケジュールを入れる
❹ 視覚や触覚のリマインダーを活用する

❺チェックリストで毎週確認する
❻それをやめたら大変になるようにする
❼個人戦でなく集団戦にする

例えば、興南高校の我喜屋式をやるとして、

❶まず何を取り入れるか決めましょう。今回は「朝のゴミ拾い散歩」とします。選んだらしばらくはそれに集中しましょう。一度にひとつずつ、が基本です。
❷すでに毎朝やっている習慣があれば、それとセットにしましょう。朝のゴミ拾いをやっているなら、一緒にゴミを拾って、その後15分散歩、とか。
❸やるとなったら、それを家族に宣言して、カレンダーにやる日を書き入れましょう。それが❹視覚のリマインダーとなり、かつ❺チェックリストとなるでしょう。
❹それをやめたら大変になるようにする、は❼個人戦でなく集団戦にする、と一緒にしましょうか。仲間を集って一緒に散歩、しかもリーダーはわが家、とかに持ち込めば、簡単にはやめられなくなります。
❶〜❼をじわじわ段階的に進める方がよいタイプの子どももいるでしょうし、

一気にやる方がよい場合もあるでしょう。

もちろん前に挙げたように、子どもが小さい頃はシールで誘うとか、兄弟姉妹で競争させるとか、遊びにしてしまうという手もあります。

でも、「○○をしたら、その都度お小遣いをあげる」はなるべく避けましょう。

それでは「貧乏にする」に反しますし、やることが「習慣」になりません。ただの小遣い稼ぎの行動になってしまいます。

人生の「イベント」を、活用しよう

何かを習慣にするには、

・ものごころつく前から始める
・とにかく毎日繰り返す
・ときどき印象に残る大技を繰り出す

が、有効です。

だから子どもができたらまずは夫婦で議論して、基本的な方針をすり合わせましょう。ここがずれていたら最初から勝負は負けです。「ヒマ・貧乏・お手伝い」をどの程度、いつから、どうやって導入するのか、決めましょう。

そして、日常生活の中で、飽きず繰り返しましょう。力の限り！


同時に人生には、さまざまなイベント（非日常的活動）があります。

そのインパクトは大きく、あるひとつのことがきっかけで姿勢や態度が大きく変わることが、子どもではよくあります。

いや、大人だってそうです。80年代、経営危機にあったスカンジナビア航空を任されたヤン・カールソン氏は、従業員たちに訴えました。

「お客さまは航空会社を、たった何秒かで決めている」

「みなが顧客と接する15秒間こそが、その『真実の瞬間』[※55]なのだ」

カールソン氏は、そのために**現場従業員に必要な責任と権限を委譲**し、顧客一人ひとりの要望に、全員が迅速に対応できるようにしていきました。

多くの顧客にとって、飛行機の利用は非日常です。日常的に飛行機に乗っている人でも、何か問題が起きたとき、それは非日常のイベントへと変わります。そ

※55
カールソン氏の著書『真実の瞬間』（ダイヤモンド社）の英語版の題名が*Moments of Truth*だった。これはもともと、闘牛士が牛を仕留める一瞬＝La hora de la verdad（スペイン語）のこと。

のときを逃さず適切な対応をすることで、顧客はどんどんスカンジナビア航空のファンとなっていきました。そして、従業員自身の意識も。

スカンジナビア航空は、15秒間の非日常イベントを積み重ねることにより、数年で劇的な業績回復を成し遂げました。

非日常イベントを、「ヒマ・貧乏・お手伝い」の修練の場に、活用しましょう。適切に責任と権限を委譲して。

放任でもなく、過干渉・過保護でもない子どもへの接し方。

・**放牧型**イベントマネジメント

です。その考え方や、具体的なやり方、実例を次の第3章で取り上げます。

三娘鼎《てい》談《だん》——携帯戦争とお小遣い

長女

私は、高校に入るまで携帯電話には興味なかったな。どうせ中学校には持って行けないし、あとは部活か家か玉卓（玉川卓球クラブ）にいるから必要もない。友だちはみんなそこにいるし（笑）

でも、高校になったら地元の友だちとも連絡とりたいし、ケータイをぽちぽちやったりポッケにいれたりもしたかった。高校生にケータイは必須だよ！　だから持ってなかった1年生の間はまじでつらかった。

次女　だったら部屋片付ければ、よかったんじゃないの？（冷たく）

長女　はい、その通りです。だーけーどー……って言うのがあるじゃん。

次女　ケータイはさ、持つと「ないと不便だ」って思うけど、持ってないときは不便はあんまり感じなかったな。「ほしい」とは思うけどね。

三女　私はとってもほしいよ。家族みんなも持ってて、持ってないのは私だけ。友だちも半分以上持ってるしね。

ま、お姉ちゃん2人がダメだったんだから、諦めてるけどさ……。

もし買うなら色は黒か紫がいいな。カメラ機能は必須！　ストラップは……（妄想は続く）。

長女　でも高校まで持たせなかったのは、正解だと思う。

地元の中学に通うなら、実際には必要ないし、直接会って話したりする方が本当はいいと思うから。

次女

親も持たせたくなるんだろうけど、一回持たせると、ないと暮らせなくなるし、本人もメールとかに依存気味になると思う。特に女の子は。

人と一緒にいるときに、相手が断りもせずにメールいじってると、イヤだよね。多人数ならともかく、1対1でそんなことされるとガッカリする。だから、自分も相手にしたくない。

食卓でメールをしちゃうときもあるけど、そういう自分がイヤ。一緒にいる人にちゃんと接したいから、携帯メールはあんまり見たくないし、こっちからも出さない。

携帯メールを使うのは、基本、連絡事項のみ。だから短い（笑）

長女　私は小中高と、お小遣いはほとんど卓球に使ってた。遊びには使わなかった、というか、あんま遊ばなかった。卓球三昧《ざんまい》。

ただ、卓球は遊んでるわけじゃなくて部活であり習いごとなのに、お金を出してもらえなくて、それはなんかイヤだった。

すごくは困ってなかったけど、もっとお金があればって思うことはあった。

三女　でもお金あっても、ラバーとか買うだけでしょ。

長女　確かに（笑）。卓球クラブの大人に「ラバー、箱買いしたけどいらなくなったから」って半額でゆずってもらったときもあったなあ。
貧乏な私に、みんな親切だった。

次女　ちなみに私は裕福だよ。お小遣いに別に不満はありません。

バイトしてる子たちは「お金ほしい」とか「今月お金ない！」とか大変そう。でもその子たちと私は、金銭感覚が全然違う。

私は何万円もするような服は絶対買わないもん。飲み物も家から持って行くし。それだけで月に何千円も違う。

でも私はケチではありません。お姉ちゃんや妹の誕生日には、どんとお金使うよ。

三女　そうだよね。私もケチじゃないつもりだけどこの間、惣菜屋さんでおにぎり買うのに悩んだなぁ。
　焼き肉おにぎりかイクラおにぎりか！　でも焼き肉おにぎりが68円で安かったんだよねぇ。イクラおにぎりは108円。なので、焼き肉おにぎりにした。別に私のお金で買ったんじゃないけど、40円差は大きいよね～。

次女　主婦感覚！

三女

　でも私も貧乏じゃないよ。「嵐」のCDは大体持ってるけど、他にあんまり使わないし。
「嵐」以外でいいCDがあったときは、ガンバってお父さんに売り込む！
「今度の大塚愛のCD、とってもいいんだよ～」って。半分くらいは成功するよ～（笑）

ムスメ語録 5

ケータイは一度持ったら「ないと不便」。
持たなきゃそうでもない。

3章

グローバル社会に向けたトレーニング

――放牧型イベントマネジメント

自由と制限の子育て4パターン
——「ケージ」「放流」「室内」「放牧」型

グローバル時代に一番必要なのは意欲・向上心

この世界の不確実な未来において、確実なことがいくつかあります。

それはグローバル化がますます進むということ。そしてその中で人の意欲や向上心が、もっと大切になるということです。

ヒトはしょせん、植物にはなれないので光と水だけでは生きていけません。草食系でも肉食系でもかまいませんが、**動物には生きる強い意欲が必要**なのです。

これから日本人が伍《ご》していかなくてはいけないのは、巨大な新興国としての中国（人口14億人）でありインド（13億人）でありアジア諸国、イノベーションと成長を続ける米国（3億人）、そして、5億人市場をつくり上げたＥＵ諸国の人々なのです。

みな強い向上意欲を持っています。

第2章の「貧乏」の項でも書きましたが、日本人に新興国と同じ「向上心」はもう持てません。明治維新や高度成長の時期は過ぎ、生活レベルは全体としては、世界トップクラスまできています。

自分ひとりが頑張れば貧困にある親類縁者みなを食べさせられる、といった状況でも、子どもを大学に入れさえすれば高収入が約束される、といった状況でもありません。

それでも、なぜ人は頑張るのでしょうか。

「報酬」かもしれません、「夢」かもしれません。

「楽しさ」や「習慣」で頑張れる人もいるでしょう。

これも極論すれば、どれでもかまいません。とにかくそれらによって強い意欲が持てるのであれば。

2013年、国際宇宙ステーションへと飛び立ち、1年半を宇宙で過ごしたロボットがいます。キロボ、といいます。身長34cmの人型でかなりのおしゃべりや顔認識などが可能です。その開発の中核を担ったのが、ロボ・ガレージ社長の高橋智隆《ともたか》さんです。ロビを初め、さまざまな非産業用小人型ロボットを開発しています。

彼の夢は「鉄腕アトム」（手塚治虫）でした。幼稚園の頃、マンガを読んで感動して科学者になりたいと思い、後に手塚治虫さんの講演会を聞きにいって「ロボットをつくりたい！」と思い定めました。

大学卒業時に就職に失敗して、その夢を思い出し、もう一度大学に入り直します。４年間をロボット開発に捧げ、２００３年、そのままベンチャーを立ち上げました。

いまや彼は、世界でもっともクールなロボット開発者のひとりです。

サッカー元日本代表キャプテンの井原正巳《まさみ》さんは、小学校のスポーツ少年団から、そのサッカー人生を始めました。でも理由は兄が入っていたから。そして夢は「体育の先生」。サッカーにずっとかかわっていたいと思ったからです。

サッカーが「楽しく」て、とにかく上手くなりたくて、続けていくうちにプロへの道が見えてきた、そんな感じだったと言います。

「夢」で頑張った高橋智隆さん、「楽しさ」で頑張った井原正巳さん。いずれにしても、根本的な「意欲」こそが、ひとを自立・自律の道へと導き、グローバルで伍していく気合いを与えるのです。

「ヒマ・貧乏・お手伝い」の習慣で、それを生み出しましょう。

これからのグローバル社会でしっかり生きていくのに、必要なのはそういった姿勢と**コミュニケーション力**です。

これは、**逃げずに聞く・話すことがベース**です。まずは家庭で地道に、取り組みましょう。できればより多くの「異文化体験」を積ませながら。

ここにその子なりのオリジナリティが加われば、グローバル時代だといっても、怖いものはありません。

ただ**オリジナリティある発想は、他人と違うことに慣れることがスタート**です。これも「ヒマ・貧乏・お手伝い」がもたらしてくれることかもしれません。

再び、「就職力」について

再び、こういう声が聞こえてきそうです。

オタクはそれでいいかもしれないけれど、そんなのは理想論。これだけ就職が厳しい中で、「いい大学」の方が就職しやすいに決まっている。少しでもいい学校に行かせる以外、親にできることはないでしょう!

そうではないのです。**親が頑張るところはそこではない。**

別に就職が人生のゴールでもなんでもないので、それに向けて（だけ）頑張ること自体に意味がないのですが、それはいいとしましょう。

かつ、「いい大学」ってまさか入試の偏差値じゃないですよね？　というのも置いておきましょう。

少子化なのに簡単には企業からの内定がもらえない[※56]昨今、子どもたちの就職活動の明暗を分けるものは、何なのでしょうか？

明治安田生命生活福祉研究所が10年6月に、全国の大学生４０００人に対してアンケートを行いました。

まずは学生たちを、「特に楽しいと感じるとき」でタイプ分けしています。

・**お仲間タイプ**＝楽しいのは「友人との時間」「部・サークル・同好会」など
・**おひとりタイプ**＝楽しいのは「ひとりの時間」「インターネットによる情報収集」「ゲーム」

全体の77％がお仲間タイプ、23％がおひとりタイプ、でした。

※56　学生側が大企業ばかり受けたがり倍率が高くなる→一部の学生に内定が集中する→その他の学生にはまったく内定が出ない、の悪循環。

そして、各タイプ4年生の内定率はなんと、

・お仲間タイプ＝50％
・おひとりタイプ＝22％

で、大差[※57]がつきました。

この理由はその就職の志望部門を見れば、わかります。

就職志望部門は1～3年生のときに比べて4年生では、調査・企画部門と広告・宣伝部門が激減します。

当然です。そんな部門には大して人数はいらないですし、新人をいきなり配属する部門でもないからです。

そして就活の現実を知った4年生で跳ね上がる（3年生14％→4年生35％）のが、営業・販売部門です。企業が新卒学生に求めているのは、いい営業・販売・サービス要員だとようやくわかるのです。

どうでしょう。

あなたが企業の人事部にいたとして、自社の営業・販売要員に、「お仲間タイプ」の学生を採りますか？　それとも、「おひとりタイプ」の学生を採りますか？

※57　「結婚したいか」、でもお仲間タイプはイエス86％だが、おひとりタイプではイエス56％。

もし、就職にフォーカスするなら、鍛えるべきは偏差値的学力ではなく、よき営業・販売要員向けのスキル・姿勢でしょう。

ひとりでネットに向かう人でなく、ひとりで中国やインド、もしかしたらアフリカにモノを売りに行ける力です。

いや、**ネットかリアルか、手段はどうでもいい**のです。

必要なのは、コミュニケーション力であり、自分でなく他人に関心を向ける姿勢であり、他人に共感できるセンスです。

そして、自分で新しい領域を切り拓いていける、自立的・自律的な考動力（考えて行動する＆行動して考える力）なのです。

そのための「ヒマ・貧乏・お手伝い」の習慣化であり、イベント活用なのです。かつこれは、「放牧型」のイベント活用であってほしいのです。

何が「放牧」なのかを、まずは説明しましょう。

子育て4パターン

家庭での子育ては、突き詰めれば**自由と制限とをどう与えるか**ということです。職場での人材育成と、変わりません。

ここで言う自由は「時間の余裕や判断の余地」を意味します。子どもたちを、親が与えたもので忙しくさせすぎていないか、ということです。時間の余裕（ヒマ）こそが、自立性・自主性・主体性の素でした。

そして制限とは、それ以外の自由度の程度とも言えます。さまざまな家庭の決まりごとがあるのかどうか、徹底されているかどうか、ということです。具体的には、お手伝い、お小遣い、テレビやゲーム等でのルールです。

制限（貧乏など）こそは創意工夫や意思決定の素でした。

もちろん子ども一人ひとりが違う個性を持ち、親もそうである「子育て」に、単純な子育てパターンなど当てはまるはずがありません。そんなものはA、B、AB、Oのたった4パターンで世界を語ろうとする血液型占いのようなものです。

でもここでは、考えやすさのために、あえて大胆に単純化します。

それが、親が子どもに与える自由と制限の程度による、4分類、子育て4つのパターンです。

名付けて「ケージ鶏舎型」「室内犬型」「放流型」そして「放牧型子育て」。

では、まず、自由のない、制限だらけのケージ鶏舎型子育てから見てみましょう。

従順ないい子のケージ鶏舎型

子どもたちから見たとき、さまざまなルールが家庭内にはあります。

それらをすべてきっちり守らせながら、塾や習いごとを詰め込んで自由な時間も与えないと、どうなるでしょう。

時間的自由（ヒマ）がない中で、ルールだけ厳しく詰められて制約だらけだと、子どもたちは、何も自分では考えないし、決めなくなります。

「言われた通り」「決められた通り」やるだけです。

ある意味では、とても素直でいい子ができあがります。習いごとや塾で家にいる時間も短いから親の手もかかりません。

それはまるで一生を、卵を産むためだけに管理された鶏のようでもあります。

ケージ鶏舎の中で採卵鶏に与えられた生活スペースは、1羽当たり450平

図6 自由と制限の子育てマトリクス

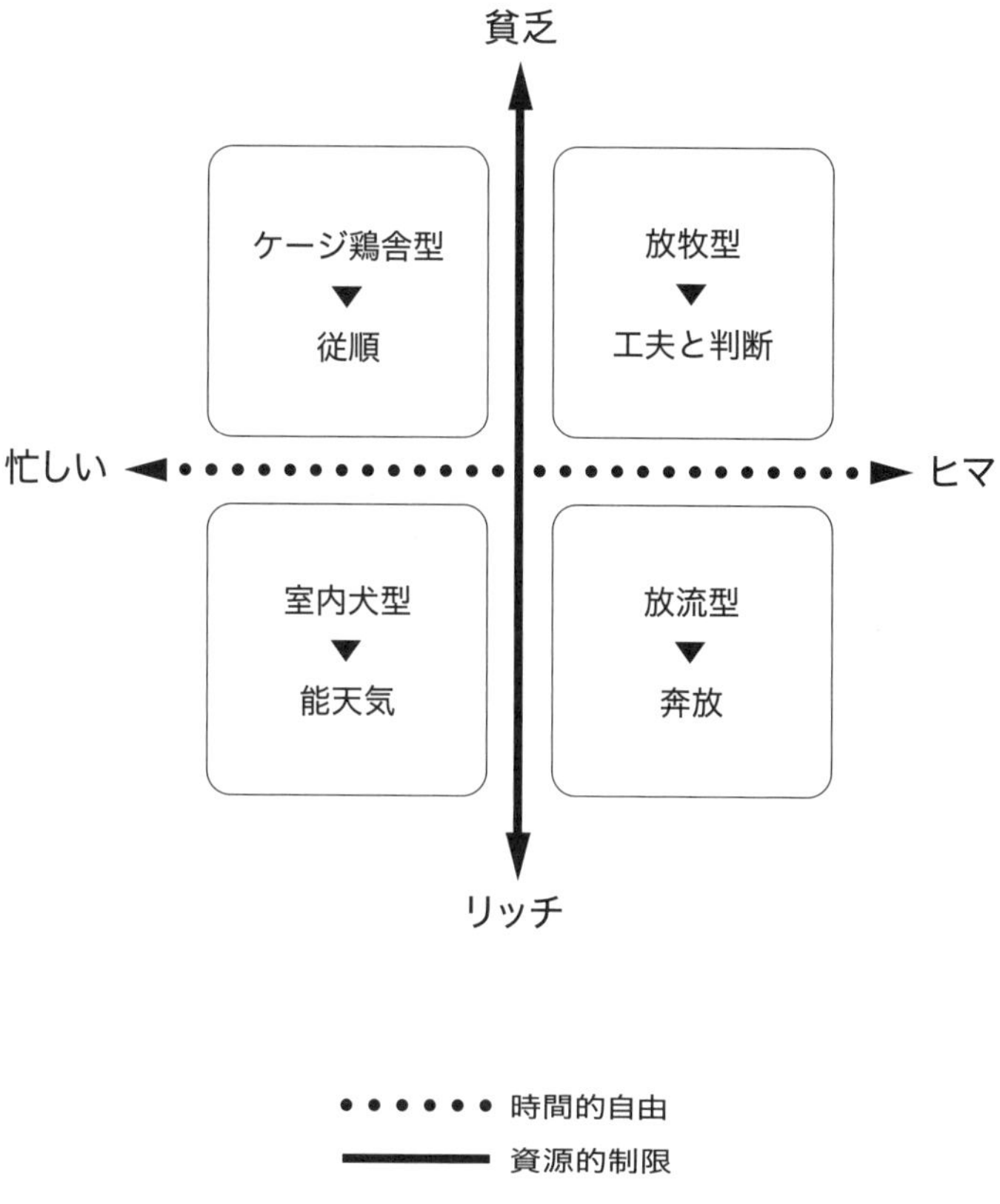

米程度、掌2つ分です。

窓のないウィンドウレス鶏舎では、間口50センチ×奥行45センチの1区画に5羽を収容します。この「ケージ」を8段重ねることで、1坪当たり約150羽を飼育できるのです。

そのケージの周りを、給水器や自動給餌機、集卵機や除糞機が取り囲みます。明かりも気温もすべてがコントロールされ、**鶏たちには行動の自由も、食べない自由もありません。**採卵鶏はこうして「自動的」に、生かされ、卵を産まされ続けて2年前後の一生を終えていくのです。

現代の子どもたちのひとつの典型が、これでしょう。

そこでは、一見元気そうで活発で、でも実は、主体性や能動性を失ったストレスいっぱいの子どもたちが「量産」されているのです。

確かに現代の子どもたちは「疲れて」います。

「なんとなく疲れたなあと感じる」かという問いに対して、**20％の子どもが「よくある」**、38％の子どもが「ときどきある」と答えます。[※58] 疲労感を訴える子どもの合計は58％ですが、これは大人（59％）[※59]とほぼ同じです。

※58 ベネッセのモノグラフ調査（94年度）。

※59 厚生労働省の疫学調査（98年度）。

そして、放課後が勉強やゲームで忙しい子ども、両親から毎日叱られる子ども、両親が不仲な子どもだと、疲労を強く訴える率が、跳ね上がります。

・放課後とても忙しかった　↓よくある＝39％
・両親から毎日注意される　↓よくある＝36％
・両親が毎日ケンカする　↓よくある＝31％
・家で3時間以上勉強する　↓よくある＝30％
・テレビゲームを毎日2時間以上する　↓よくある＝26％
・塾に週3日以上行っている　↓よくある＝24％

ケージ鶏舎型の子育てでは、子どもはただ疲れるばかりなのです。

ハイリスクな放流型と夢のない室内犬型

では、ケージ鶏舎型とはまったく逆に、時間的自由があって、ルールや貧乏がないと（つまりお小遣いがたくさんだと）、どうなるでしょう。

子どもたちは自由自在、己の感情や欲望の赴くまま、どんどん突き進んでいくことでしょう。

これを、放流型の子育てと呼びましょう。

サケの稚魚は放流された川で育ち、やがて海に出ます。そして大海を回遊し、数年後、大きく逞《たくま》しくなって、必ず生まれ育った川に戻って来ます。

しかし、必ず帰ってくる、というのは残念ながら正しくありません。

もっとも危険な「卵から稚魚」の時期を、人の手で守ったとしても、**放流されたサケの稚魚が成魚にまで達する確率はわずかに3%。**1万匹の稚魚を放流したとしても、成魚となって母なる川に帰ってくるのはたった300匹にすぎないのです。

これが都市型河川（隅田川など）の場合には、なんと1%の100分の1。1万匹放流して、無事戻ってくるのはたった1匹だと言われています。

放流型とはつまり放任型。

育児の結果はきわめて確率論的であり、まさに運を天に任せるしかありません。自由奔放に育つのはいいとして、そのまま出奔《しゅっぽん》（家出とか……）もしくは非行に走ることも覚悟しなくてはいけません。

いや、多くの場合は、ヒマがあるのにひたすらゲームやテレビに時間とお金を費やすだけの似非《えせ》放流に終わるのでしょう。

このリスクに耐えられるかどうかが、この放流型をとれるかどうかの分かれ道です。しかし多くの親は、これには耐えられません。

そして制限ばかりの、ケージ鶏舎型にもしたくないと思うでしょう。自由を与えすぎたくない、でも制約だらけにするのもかわいそうだ……。

ゆえに多くなるのが、3つ目の型、室内犬型の子育てです。

これは、時間的に自由ではなく（つまりヒマでなく忙しい）、資源の制限がない（お小遣いが多かったり、お手伝いがなかったり）状態を言います。

なんとなく自由と制限のバランスが取れているようですが、バランスの取り方がずれていきます。

お小遣いは豊富で、テレビもゲームも制限なし。結局、忙しさのストレス解消とばかりに限られた時間を、そこに費やすのでしょう。

これで自立性が育つでしょうか。自分で考え、決めていく姿勢が身に付くでしょうか。

柵《さく》とヒマがある放牧型

そして最後が、放牧型の子育てです。

これは室内犬型と逆で、**時間が自由（ヒマ）で、資源的に制限（貧乏など）があるのです。**

自由だけでもダメで、制限だけでもダメ。自由と制限の組み合わせも、子どもを忙しくしちゃダメ。なぜなのでしょう。

もしかしたら教育現場や家庭よりも早く、企業はそれを理解しているのかもしれません。

業績低迷に苦しんでいたホンダを救ったのが、94年の初代オデッセイでした。セダンとワンボックスの融合であるミニバンを、世に初めて出したこの開発プロジェクトは社内で別名、「ゾンビ・プロジェクト」と呼ばれていたそうです。

経営陣から何度も「これじゃダメ」「プロジェクト解散！」を命ぜられながら、そのたびに勝手に技術者たちが集まって、プロジェクトを続けていたからです。

非公認ですから使える予算はほとんどありません。でも、ホンダの技術者たちには時間の自由が与えられていました。自分の時間の一部を、好きなプロジェクトに振り向けてよかったのです。

それを使ってなんとかつくり上げたのが、エンジンも車台も生産設備さえこれまでのものを流用した、初代オデッセイだったのです。

結局、5年間で42万台（約8000億円！）を売るベストセラーとなりました。

子どもを部屋から追い出し、**柵付きの広い場所で放し飼いにしましょう**。

もちろん子どもたちは、柵があるからと、大人しく草を食《は》み続けたりなどしません。柵（制限）があり、自由（ヒマ）があれば、それを必ず突破しようと試みるでしょう。

それこそが面白い（遊び）から。

柵自体を破ろうとするかもしれませんし、柵の中の限られた資源で新しい遊びをつくり出すかもしれません。

それらは創造性や発想力の訓練ともなります、同時に決定力の最高のトレーニングとなるでしょう。

お小遣いが少ないからこそ、それをどう配分するか考えます。買いたいものの優先順位を付けます。テレビの視聴時間が1日30分と決められているからこそ、自分にとって大事なことはなんだろうと考えます。

そして、制限が強いからこそ、なんとか自由を手に入れようと頑張ります。

そういったことの積み重ねが、子どもたちの決定力を培い、その意欲を引き出すのです。

モノローグ6 なぜ勉強するのか？

長女

私は中学高校と、まぁまぁ勉強していたと思う。決して、人より多いわけじゃないけれど、自分で計画を立てて試験勉強とかもやった。

わからないことがあれば、友だちや先生に聞きまくった。放課後友だちを引き留めて勉強を教えてもらったり……。教えてもらったことしかないな。

でも本当は小学生のときに、もっとお母さんに一緒に勉強してほしかった。宿題するところを見ててくれるとか。そうすれば、もっと勉強する習慣が付いたと思う。

ただ、中学高校時代に放任されていた割に勉強したのは、「お手伝い至上主義」への反発、だったかもしれない（笑）

だって、あまりにお手伝いしろってばっかり言われるから、くそって思って勉強してた。他の親たちは「勉強しろ」って言いまくってる、って友だちからは聞いていた。でも、「勉強しろと言われなかったから勉強しませんでした」というのはつまらない。

言われなくてもやってやる、「お手伝い至上主義」なんかに負けるもんか！という反骨心だったのかな。

次女

私は将来は、お金持ちになりたいしねぇ～（フランスの古城を買う！）。だからいまできることは、とりあえずやっとく、みたいな感じ。

イイ成績だと気持ちいいし、ほめられるしね～(^_^)ゞ
と言いながら、高校までは勉強時間は極少だった。

1日きっちり1時間。昨日65分だったから、今日は55分。定期テスト前でも関係ない。マイペースを守って、やり続けてた。

でも、都立高校の第一志望に落ちたことで、ちょっと目がさめた感じ。

学習塾に行くのは時間を取られるからイヤだけど、自宅学習時間は3倍

くらいになった。

夕方は大きなダイニングテーブルを占拠して、朝は早起きしてリビングで、ちょこちょこもくもくやっている。

ただ、私が勉強に強いのは、ずばり寝ているせい。10時半には必ず寝る。

だから自分の子どもも、小学生の間は絶対、8時には寝かせるつもり。

お母さんのような甘さはないぞぉ！(￣^￣)

三女

中学生になって、3回試験があった。1学期に1回、2学期に2回。

よかったり、普通だったり、ちょっと悪かったり……。

毎回、試験勉強は3週間前に始めてる。ノートは授業中にきちんと取ってるし、それはとってもわかりやすい。自慢のノートです。

そこから、カードをつくったり、問題集をやったり。自分でやり方を考えてやっている。

でもこの3回、最後は時間が足りなくなってた。特に今回は、途中で気が抜けて遊んじゃったりしてたので、「次はもっと真剣にやる」が反省項目。頑張りま～す。

苦手な科目はあるけど、勉強はキライじゃない。別に「何番になりたい！」とかの目標はないけど、平均は超えたいな。

勉強しないと、頭悪くなるし、それはイヤ。ダサい。

中学生新聞読んだり、ネットのニュースを見たりするのは大好き。だから常識問題だったら、お姉ちゃんたちに、絶対勝てるよ～（笑）

ムスメ語録 ❻

「勉強しろ」と言われないからしなかった、なんてダサいから勉強する。

放牧型イベント――家族編

家族旅行イベント＝企画編

さて、いよいよ放牧型イベントの紹介です。まずは、家族を巻きこんだイベントからいきましょう。何を、どうやるのか、見ていきます。

まずは、かわいい子には旅をさせるのもよいけれど、旅を「企画」させるお話から。

数年前、当時小5の次女は、「つまらない病」に罹《かか》っていました。

授業がつまらない、友人がつまらない、○○は面白いんだけど週に1回しかない……。ドキドキする何かがない。

「人生なんてつまらない。毎日毎日同じコトの繰り返し」って呟《つぶや》いていました。

それで9月のある日、指令を出しました。

「予算10万円を与える。10月23・24日、1泊2日の家族旅行を企画せよ」

彼女はそれから数週間「ドキドキ」しながら、**インターネットでいろいろなことを調べ、自分で電話をかけ、予約をしました。**

小5に10万円は、重い。とっても重い。考えるべきことはたくさんあります。まず予算配分。一体何にいくら使うのか。大人2人と娘3人で5人もいるのだから、宿を豪華にすればすぐ足が出ます。うちには車がないので、移動は電車の方が安いのですが、それでは移動中に騒げません。レンタカーにしても大きさやグレードでずいぶん金額に差があります。途中の食事や遊ぶ場所での費用はどうしましょう……。

結局、次女は決めました。

・移動はレンタカー。ワゴンタイプで騒ぎ放題。帰りはぐっすり（運転手は？）
・宿泊はインターネット予約の特別セット料金で激安温泉旅館をゲット
・昼食はレジャーを兼ねて、ヤマメの釣り堀で（一石二鳥！）
・その他レジャーは観光牧場でお金をかけずにのんびりと

いろいろなトレードオフ（取捨選択）がそこには隠れています。

でも、そもそもトレードオフを考えるには、中心とする「価値」が必要です。それがはっきりしないと、取捨選択などできません。あれもこれもと欲張っては、予算内には収まりませんし、メリハリのないツマラナイものになってしまいます。

次女が（勝手に）決めた、今回の家族旅行の中心価値（大事なこと）は**「みんなでワイワイ」**でした。

そこに自分がやりたかった「釣り」や「温泉」を絡めて、構成していきました。お金はかかるけど、移動中も騒ぐためにレンタカーを借りる。みんなでワイワイできるなら、宿自体のグレードはどうでもいい。レジャーも高額なものには手を出さない。みんなでワイワイ一緒に楽しめて安いものを選ぶ。

それが、次女が決めた「大事なこと」と、そこからのトレードオフでした。

家族旅行イベント＝実行編

早朝、近所でレンタカーを借りて、いよいよ旅が始まります。

次女が「隊長」です。すべて隊長の指示に従って、家族が動きます。

「隊長、次はどっちへ行きますか？」

「まずは関越高速道路へ向かってください」「ラジャー」

隊長は10万円をキャッシュで持って（持たせて）います。

高速道路もガソリンも、遊ぶお金もそこから全部出していきます。あえてカードは使いません。

観光牧場の入場料も然り。ただ、中ではさまざまなアトラクションやおみやげ屋さんが魅力を振りまいています。アイスクリームもおいしそうです。

ここで「隊長」が宣言。

「これまでのところ、予算通りに行っているので、若干余裕があります[※60]」「遊びたいものがあったら、言ってください」

みなそれぞれに、やりたいことを申請し、承認を受け、隊長からお金をもらいます。アーチェリーもバターづくりも面白かったねぇ。

さすが、普段から倹約家の次女。ちゃんと余裕を持たせておいて、自由に使える予算を残しておいたのです。

スケジュール管理も隊長の仕事です。

時間が来れば、撤収命令が出て、次の目的地へと向かいます。もともとスケジュールは分刻みで、きっちり組み立てられていますが、ここでも余裕を持たせ

※60 いくら余裕があるか、は言わないところが、渋い。

てあるので、特に面白いことがあれば臨機応変《りんきおうへん》に変えていきます。予算もスケジュールも、きっちり立てて、でも少しバッファーを持たせてあるからこそ、融通がきく。上手なもんだね～。

鬼怒川《きぬがわ》で1泊して、いよいよ家族旅行も終盤です。

隊長はお金とスケジュールを点検し、また指示を出します。

「帰りは途中のファミレスで食事をしましょう。△△△△円までなら使えます」

数時間後、無事家に帰り着き、解散式。隊長、ご苦労様でした。On time, on budget!（時間通り、予算通り）素晴らしい！

これを持ちかけたとき、次女は最初、「え～～」と、ビビっていました。10万円のプレッシャー、スケジュール作成のプレッシャー、そして自分も含めた家族全員の「楽しさ」へのプレッシャー。もし自分が企画してつまんなかったら、自分自身が相当がっかりだから。

しかし、つまらない日常を打破したいとの思いが強く、すぐ引き受けました。それから1カ月半、次女のドキドキタイムが、無事、終了しました。そこから彼女は、何を学んだでしょうか。

誕生パーティイベント

2008年の春、同じく小5になった三女にも家族旅行企画を振ってみました。

「10万円の家族旅行を一人で企画しない？」

でも、彼女は怖がってやる気なさそうだったので、即撤回。

やる気が出るまで待ちましょう。本人が「やりたい！」って思うまで、ガマンしなくちゃ……。

結局、数カ月後の夏休み、福井へ帰省するときに本人が「どこかに途中で1泊したい！」と言い出したので「じゃあ、自分で企画してごらん」と。

お母さんと2人だけの小さな富山旅行が、三女の初めての旅企画となりました。


この方法はかたちを多少変えれば、どの家庭でも、どんな予算でも、実践可能なようです。あるご家庭で実践された「誕生パーティ」版を紹介しましょう。

子どもたち＝10歳と4歳の女の子

ミッション＝お母さんのお誕生会を仕切る

予算＝3000円

お父さんから委託され、子どもたちは2人だけで、必死にプランを考えました。そうしてできた「お母さんの誕生パーティ」企画は、こういうものでした。

・プレゼント＝100円ショップで「トマトの種」を購入 ⟶ 園芸好き、実利好きなお母さんを（安価で）喜ばせる

・表彰式＝キラキラ用紙を切っての紙吹雪と枕を積んだ表彰台を準備し、曲はお父さんが歌うよう依頼 ⟶ 表彰台に上がったお母さんに2人でキラキラ紙吹雪をかけて、プレゼントを渡す

・食べ物＝乾杯用のジュース等とスモークチーズ、ケーキを購入（自分の好きなもの中心）⟶ ただし、調理は手伝うがお母さんにつくってもらう

子どもたちが「ママを喜ばせる！」ために、知恵を絞ったのがよくわかります。500円程余らせて準備は完了し、もちろん、とても楽しい夜をすごせたそう。

ちなみにお父さんの感想は、「あんなにちゃんとできるとは思わなかった」「やらせてみるもんだ」でした。

決める力とは、いろいろな案を出して、取捨選択できるようになること。

でも人はなかなか捨てられません。あれもこれもやりたいし、捨てることが不安で怖いのです。それでも、捨てなきゃ前には進めません。

だから、それを楽しく（もしくは気合いや強制力で）やれること。そういった訓練を積むこと、積ませてあげること。

そのために、**親がやらなくてはいけないのは、ガマン**、です。

・本人の意欲が出るよう仕向けながらガマンさせ待たせること
・自らがガマンしてそれを待つこと
・思い切ったことを任せてガマンすること

なのです。

お花見パーティイベント

年に一度だけですが、わが家には恒例の「お花見パーティ」なるものが存在します。もう25年以上続いているものなのですが、企画は毎年同じで、招待等は私がやるので、娘たちにその面での出番はありません。

ただただ、当日のお手伝いの場なのです。

・企画＝いわゆるオープンハウス。土日の13時から23時まで[※61]いつ来てもいつ帰ってもいい

・参加者＝親の友人知人＋その友人知人……。0歳から70歳まで？ 平均年齢30歳くらい。なぜか大学生多し

・参加人数＝2日間で延べ、100から200人！

・飲食物＝原則、参加者持参（笑）

・出し物＝特になし。夕方、私のプレゼンテーションがあるかも

家がさして広いわけではないので、ピーク時には1階から屋上までのあらゆる

※61 ずっと12〜24時だったが最近は少し短縮。

ところに、人がたむろすることになります。

大人、子ども、赤ちゃん。学生、社会人、外国人……。

その人たちを出迎え、食べものや飲みものを運んだり、片付けたりが娘たちの主な仕事です。でもワインを畳にこぼした人がいれば、ティッシュと濡れタオルと乾いたタオルを渡し、玄関に靴があふれれば、外に出したり中に入れたり。親も指示しますが、ほとんどは各々の自律的行動に任せることになります。なんでもやる、便利屋さん的活躍が求められます。

この2日間で娘たちが試されるのは、気働きと自律的行動、なのですが、**得られる経験としてもっとも大きいのは実は「知らない大人と話す」こと**でしょう。

それまであちこちで働いていた娘たちが、しばらく戻ってこないことがよくあります。たいてい、どこかでお客さんに捕まっていたりします。

「お父さんは、ほんとは家でどうなの？」

と、ヒミツ取材に走る大人もいれば、

「気になる人が2人いるんだけど……」

と小学生に恋愛相談をする（ちょっと酔っぱらった）若者もいたりします。

もしくは、普通に大学生たちの輪の中に混じっていることも。

「私が、大人と話すのがあまり苦じゃないのは、お花見パーティで慣れているせいだと思うな」と長女は言います。

親と話していても、普通の大人との会話は上手くなりません。大人とのコミュニケーション能力を上げるのに、こういった「ホームパーティ」は、最適な場のひとつでしょう。

友人知人をいっぱい呼んで、運営とお相手は子どもたちに任せる作戦。いかがですか?

放牧型イベント――個人編

学習塾イベント

長女が中3になった春、ちょっと悲愴《ひそう》な顔でお母さんに相談を持ちかけました。

やばい、数学がわからない。

正確には、中1、2とA先生が担当していた部分がさっぱり理解できていない。

それまでずっと自分で勉強を続けていた長女も、ここでギブアップ。

「塾に行かせてください」

自分でいろいろ努力して、それでダメだったのなら塾もいいでしょう。ただし、**自分の目的に対してどの学習塾が適しているのか、ちゃんと調べて、いくらかかるのかも合わせて申告して。**

それから1週間、彼女は友だちを取材していました。確かにそれが一番いい調査法かもしれません。そのうえで、「W塾がいいと思う」「国数英を受けたいので月〇〇円です」と申告してきました。

その理由をただして、ちゃんと答えられたので、ＯＫとしました。さらに夏からは、ピンチな理社も受けることに……。

数カ月後の10月末、また相談に来ました。塾をかわりたいと。

曰く、「Ｗ塾はもうこれから難関高校向けの授業体制に変わって、自分には関係のない問題ばかりになるし、先生たちも上位の子たちにかかりきりで質問にも答えてもらえない」

「私は自分のわからないところはわかっている。だからそれを質問できるところでないと意味がないの」

「お金はかかると思うけれど、個別指導のところが合っていると思う」

了解。では、どんなところがいいのか、調べて申告して。

今度は、彼女は自ら各学習塾を見学して回りました。見学は一部、お母さん同伴だった気がします。

Ｔ塾、Ｖ塾、Ｍ塾の3社を回り、Ｔ塾に決めました。それは、体験授業で彼女が用意していた質問に、Ｔ塾の先生（バイトの学生さん）だけがちゃんと答えられたから、だとか（笑）

長女の判断で、質問主体の国数英はT塾で、授業で知識がほしい理社はW塾で継続、となりました。

もちろん、個別指導塾に科目の過半を移したことで、月々の費用は2万円ほどアップしました。11月と12月の2カ月の話ではありましたが、それをそのまま呑《の》むのもイヤだったので、「差額の半分は自己負担」としました。

お小遣いでは払いようがないので、翌年のお年玉から天引きです。

学びの場とは、自分の意思とコストで行くべきところ。それは自ら調べて決めるもの。

そんなことの練習になったでしょうか。

高校進学イベント

長女は3姉妹の中でのトップランナーなので、常にチャレンジャー役。当然ながら高校、大学といった進学イベントでも、いつも彼女が最初の実験台です。

進学という子どもにとって人生最大級のできごとを、「放牧型イベント」として使わない手はありません。学習塾イベントも、関連して発生するかもしれませんが、そこでのトレードオフや調査など、進学のそれに比べれば簡単なものです。

塾は簡単にかかわれますが、学校はそうはいきません。塾は勉強だけの場ですが、高校は友人や部活も含めて、その後の人生を決めるかもしれない場です。

ただ、田舎（私の育ったところ）と都会（娘たちが育っているところ）では、状況（選択肢の数とか）がまったく違うので、ここでは都会の話を取り上げます。

例えば**東京では、高校進学レベルでも、恐るべき数の選択肢が存在**します。

公立か私立か。学力重視か特色重視か。近くか遠くか。

東京には都立高校だけで２００校弱が存在し、通える範囲内でも数十校あります。私立高校ともなれば、都内３００校がさまざまな学科（普通科、理数科、特進科、英数科、芸術科など）を設けていますが、近隣県にも通えるので、受験可能な数はさらに増えます。

まず自分の学力レベルで粗く絞ったとしても、なお20校以上が家から通える選択肢として残るでしょう。

しかし、都立高校は事実上1校しか受けられません[※62]し、私立高校も受験日はある程度集約されているので、本命は2、3校限定です。

※62 受験日が同じ。二次等もあるが定員が少なく超狭き門。他に国立附属高校があるがいずれも超難関。筑波大駒場、筑波大附、東京学芸大附、お茶の水女子附など。

それを、多くの選択肢から絞り込まなくてはいけません。これこそまれな、**「人生の選択」の練習の場**です。

でも、その前にやることがあります。それが、**意欲の確認**です。

長女が中3で受験態勢に入ろうというある日、彼女を呼んで言いました。

「高校は、義務教育ではありません」

「だから、行きたいならまず行きたいと、ちゃんと言って」

「そして、行きたいなら、なぜ行きたいのか教えて」

当時、将来の夢などたいして決めていなかった長女は悩みます。どうしよう、保育士さんには憧れるけど、絶対って決めたわけじゃないし、それと高校はあまり関係ないしなあ。

それにしても、なんで「高校に行きたい」なんてこと言わなきゃいけないんだろう。みんなも行くし、※63行きたいに決まってる。私だけ、中卒で就職なんてイヤだよ。でも、お父さんになんて言おう。みんなも行くから、なんて通じるわけないし……ね。

困りに困った長女はついに苦し紛れの理由付けを言ってきました。

「高校に行かせてください」

※63 高校への進学率は98％弱（うち通信制が1％）であり、100人に1人弱は就職し、1人強はニートか浪人、となっている。みんなが高校に行くわけではない。

「目的は『楽しい高校生活を送る』です」「……それじゃダメ？」

うーん、まあ、いいでしょ。

でも、だったら、あなたの「楽しい高校生活」は何で決まるの？　それで各校を比べたらどこがいいの？　そういった情報はもう調べたの？　私は常に、

・選択の基準（クライテリア）
・それに応じた情報収集方法

を問います。ネットで調べたとか、学校祭を見学した、くらいではダメです。在校生や卒業生に取材したか、等々を突っ込んでいきます。

数カ月後、彼女はある都立高校に絞ったのですが、その決定そのものには、口を挟みませんでした。

なぜならこれは、自分の人生を自分で決める練習、だから。

その結果、成功すれば自分に自信がつくでしょう。残念ながら「楽しい高校生活」を送れなかったとしても、それは自分の責任で反省もするでしょう。もっとちゃんと調べればよかったと。

それでいいのです。それが貴重な「人生選択イベント」の価値なのです。

大学進学イベント

長女の次のチャレンジは、大学進学です。

受験勉強の、ではありません。まずは進路や受験校を決めること自体の、です。チャレンジする相手（＝壁）は私。

また、長女に問いかけます。3年前と同じことを。

彼女は思い悩んだ末に、「栄養士」という方向を見つけ出します。でも、まだまだ調べ方が甘い。ネットやパンフレットを見るくらい。

突っつかれてようやく「ミクシィで、在校生をひとり見つけた！」

それじゃ、ダメだって。お金出しませんよ。

管理栄養士になりたいのはいいけれど、そして、どうするの？ 資格をとることと自体は目的じゃない。その後、どうしたいの？

管理栄養士がとれる学科って、全国に100もあるじゃない。どうして首都圏のものしか選ばないの？

調べたのは資格試験の合格率だけ？　確かにそれは上位の学校だとみんな95％以上で差がないね。でも、その先の就職はどうなの？　大学ごとに強い業界とかあるかもよ。

とにかく**直接、在校生や卒業生に話を聞かないと、進まないよ。**

言うだけでも何なので、ちょっとだけ、助け船を出してみます。

フードビジネス界で活躍する、管理栄養士の友人Aさんの連絡先を教えて「会って相談してごらん」。でもそこまでです。あとは、自分で。

翌週、長女の目が輝いています。

「すごい、いろいろ教えてもらった！」

「大学によって、就職とかって全然違うんだって」

「しかも『スポーツ栄養士』の話も聞けた。Aさんの友だちに何人もいるんだって。栄養士の他にどんな資格をとっておけばいいか、とかもわかった！」

そうなのです。長女の本当の目標は「スポーツ栄養士」なのでした。

でも、具体的にどうやったらなれるのか、わからない。そんな人、身近にいないし、テレビでたまに見るくらい。スポーツ栄養士への、おそらくは狭く長い道のりに、彼女は「ボランティアでやればいいや」と引いていたのです。栄養士になったらできる、おまけ、でした。

Aさんとの会話は、それが「夢」に昇格した瞬間だったのかもしれません。

そう、夢《ビジョン》は自分でつくり上げること。

誰もあなたの夢の責任なんて、とれないのだから。

住まい探しイベント

長女、高3の2月末。ついに行く大学が決まり、住居を探すことになりました。場所は埼玉。家からは2時間弱かかります。

学校の寮（といっても個室でマンション風）に入れようかと思っていましたが、遠方からの学生優先で既に満室とのこと。仕方がないので、学校周辺で住まいを探し始めました。

大学からは近隣の詳細な物件リスト[※64]が送られてきたので、まずはそれをベースに自分で調べてきてと、長女を金曜日にひとりで送り出しました。

※64 物件の住所、連絡先、費用等の他に、建物内の男女数、うち同大学の学生数まで載っている。

そうしたら、夕方早々に帰ってきて、しかも、隣駅の不動産屋一軒に行っただけと言います。かつどの物件も居住中で実際には一つも見せてもらえなかったと。

その隣駅の不動産屋曰く、

「A大学周辺ではもう物件はない、この駅のも今日明日で決めないとなくなる」

そう言われて長女は「明日決めたいから一緒に行ってほしい」と私に迫ります。

何言ってるの。そんな調べ方で、十分なわけがない。やり直し！

長女、涙目で訴えます。

「なんでそんなにやんなきゃいけないの」

「自分が住むところなのに好きに決めちゃダメなの」

「予算内だったらいいでしょ！」

ダメです。

年間で何十万円も払うものを、見ないで決めるなんて、あり得ない。

勉学が目的なのに、大学近くじゃなくて隣駅の物件なんて、あり得ない。

明日もう一度、行って調べなさい。

長女は仕方なく、それから深夜までかかって、大学からのリストを確認し、物件付近の地図をプリントアウトしまくって、翌朝早くに出かけていきました。

そして個人管理の物件や駅周辺の不動産屋に、アタック開始。

昼頃ちょっと気にかかって、調子はどう？　とメールしたら、

「もう6軒回った！　**楽しくなってきた！**」

と即返信あり。

結局彼女は、土曜日の1日で10軒以上の物件を回り、2軒に候補を絞り込んできました。

各物件（や家主の身の上話）を嬉々として説明しながら、「私、結構、てきぱき効率的にやれることがわかった！」と……。

昨日のは一体何なのさ。

あとは親が決めてくれ、と言うので翌日、私が2軒を見比べて決めました。

・大学に近いが古いアパート。ただしロフトが広い

・駅に近くて新しいが狭めのアパート。ただしセキュリティがしっかり

もちろん（一瞬、悩みましたが）前者に決めました。判断基準は、どちらが勉強に適しているか、ですから。

担当の不動産屋さんは「女の子が一人で来たのは、10年ぶりだ」と。「いや、男子でも最近は親と来る子がほとんどだねえ」とも。

それはびっくり。

かわいい子には、家をひとりで探させましょう。そして調べ方が気に入らなければ、ちゃんとダメ出ししましょう。お金を出すのは親なのですから。

ムスメ語録❼

何でもやってもらってたお母さんと、
私たちは違うのよ！

三娘鼎談――娘たちから見た、放牧型イベント

「放牧型」ってコトバをお父さんが思いついたのは、数年前に私の話を聞いたときなんだって。

次女

私が話したのは、こんなこと。

友だち何人かで「ウチの親ってどんな親?」って話題で盛り上がった。

でも、だいたいみんなが言うのは「ウチの親は口うるさい!」ってこと。

ウチはどうなのかなー、って思った。

確かに、いろいろ厳しいんだけど、ちょっと違うんだなぁ。

で、みんなに言ったのが、

「私たちは、羊みたいなもんかな」

私たち三姉妹は、毎日楽しく遊んでる。基本的には自由で拘束がない。

でも広い牧場にはちゃんと柵(ルール)があって、それを乗り越えるのは大変。

ときどきお姉ちゃんが、柵にどーんとぶつかっていって、たま〜に領

地の拡大に成功したりする。
そんな感じだな、って。

長女

わかるかも（笑）
日韓ワールドカップのときも、そういうことあったね。私は小6だったっけ。

初めて見たワールドカップはびっくりだった。サッカーってすごい、って思った。一番好きだったのは、ドイツのGKカーン選手だった気がする。

ほとんど毎晩見てたんだけど、9時までに寝なきゃいけなかったから、試合の前半しか見られなくて、翌日友だちと話すときに話題についていけそうでついていけず、すごく悲しかった。

だから思い切ってお父さんに交渉した。

「ワールドカップの間だけ後半も見られるようにしてください」って。

1カ月間お手伝いを増やすことで、いいよってことになった。

うれしくて、賞状みたいな「誓約書」を書いた。色をつけてカラフルに。

そうしたら、ミライもちゃっかり同じものを書いて出してた。妹得意の便乗作戦だ。もぅ。

せっかくなのでリビングを「ワールドカップ仕様」にしたよね。テレビから離れていたソファーを、リビングのまん真ん中にして、テレビを見るのに一番いいかたちにしてやった！

楽しかったなぁ。

三女

私も5歳だったけど、覚えてるよ。そのときお母さんがつくってくれたパンのことだけだけど〜。

全員　あれは、おいしかったね！

ムスメ語録 8

「私たちは羊。楽しく自由だが、遠くに柵はある。」

4章

「ヒマ・貧乏・お手伝い」で親も笑顔になれる

楽しい子育てへの4原則

1 ― クールの原則＝深刻にならず、猶予期間を持つ

子どもの自律性や意欲を引き出すために、面白さや楽しさが必須だと書きました。

親も同じですし、同じ子育てをするなら気持ちよい時間としたいことは当然です。ただ、これまで書いてきたことは、子どもの反発を買う話でもあります。

なんでうちだけ？　そんなことしたくない！と。

毎日が戦争、かもしれません。それでも**「楽しく」やっていくために、いろいろなコツ**はあるように思います。

そもそも「楽しく」自体が、感情なので、要は感情コントロールの問題なのです。でも、ただ自分を抑えろということでも、ムリに忘れろというのでもありません。

うまく「感情の性質」を利用しよう、というところでしょうか。

まずは「クールの原則」です。

親が感情的になればなるほど、コミュニケーションは失敗します。子どもたちの方が冷静で、矛盾を突いてきたりします。

「お母さん、そんな言い方で人が変わると思う？」

これは長女が小2のときに、烈火のごとく怒る母親に投げかけた言葉です。そのときは、火に油、でしたが、まことに正鵠を射た発言でもあります。

でも、**クールになるためにどうすればいいでしょう？**

経験上、2つコツがあります。

・時間をおく。頭に来たら、一晩おいてみる
・比較しない。兄弟姉妹や、他の家と比べるのをやめてみる

実はこれは、子ども自身においても同じことです。

感情というのは短時間のうちにスパイラル状に自己増殖していくので、すぐ元の大きさがわからなくなります。だからいったん冷ますこと。そうすると、「なんだこんなこと」と思えたりします。

だから、子どもたちに何か「買って」とか言われても、「今日こんなひどい目にあった！」と訴えられても、まずは聞くだけにしましょう。結論は、翌日以降、です。

「買って！」の何割かは、それだけで消えていきます。

「寝て起きると、ほしくなくなってるんだよねぇ」（長女）

子どもたち自身にそんな自覚が出てくれば、もう大丈夫。

比べないことも大切です。

米国での調査ですが、妻が夫の収入にもっとも不満（や満足）を覚えるのは、「自分の姉妹の夫と比べる」ときだそうです。職種や地位は関係ありません。

人は身近な者との差が、一番気になるのです。

子どものことで頭に来たら、考えましょう。比べてないか？と。

そして、子どもにもそれを最初から、伝えましょう。

「あなたを他の子とは、比べない。あなたはあなただから」

「だから、他の子がどうだ、っていうのも知らないよ」

原則には必ず、例外や特例があります。

「クールの原則」でのそれは、叱るときです。叱るときは、本気で叱らなくては、相手にその気迫は伝わりません。

「三谷家のルールを守りたくないなら、家を出なさい」

そういう言葉を何度か、娘たちに投げかけました。もちろん、本気です（笑）

「はい、出て行きます」って言われないように、普段頑張ってないといけませんが、これを言うときは常に本気です。

ルールってダイジなのです。そう、次は「ルールの原則」に行きましょう。

2　ルールの原則＝個別でなく、ルールで対応する

子どもたちの要求に対して、親が個別対応を繰り返していると、必ず数年で破綻します。

子どもたちはまるで、飽きず攻撃を繰り返す傭兵《ようへい》のようです。成功すれば報酬（遅くまでテレビを見られるとか、お小遣いがもらえるとか……）が明確なので、ぎりぎり限界まで攻めてきます。

その最強の技が「友だちも持ってる！」（比較）であり、次が「前に言ったこととと違う！」（矛盾）です。

前者は「クールの原則」で、後者は「ルールの原則」で、切り抜けましょう。

つまり「ルールの原則」とは、**自らの言動に矛盾をきたさないように、要求への対応をルール化すること**なのです。

・成立条件をはっきりさせる
・必要なら罰則も決める
・ちゃんと明文化して記録する
・例外が発生したら、それもルール化するか、状況を詳しく書き留める

例えば、門限。

・門限は高校からは夜9時
・やむを得ず遅れそうなときには、必ず家に連絡をする

・部活動やクラブの場合は10時まで認めるが、週2回まで
・その他、打ち上げ等で遅れる場合には事前に相談すること。ただし、年3回を超えないこと
・累計3回ルールを破ったら、1カ月間門限7時に

こんな感じです。

特に兄弟姉妹がいるときは「記録」が必須です。子どもたちにとってもっとも身近な比較対象であり、負けたくない相手です。

でも、親はすぐ忘れますから、お姉ちゃんが中1のときのお手伝い内容がどうだったか、なんてとても覚えていられません。

だから、**ルールを決めたら専用のノートに書き留め**ましょう。

これで子どもたちからの攻撃への防御力が、ぐっと上がります。

もちろん、ルールは絶対ではありません。法律と同じで必要であれば、変えていけばいいのです。でも、あくまでそれは個別対応とは違います。

子どもは自分の要求を通したかったら、まずルール変更を提起し、親子で話し合い、そこで親（もしくは他の兄弟姉妹）の同意を取り付けなくてはいけません。

その結果としてルール自体が変わり、初めて「合法的」に行動できるのです。

子どもたちの感情を、親が直接受け止めてしまうのではなく、まずはルールという盾《たて》で受け止めること。

『○○家 ルールブック』なんて、いいかもしれません。

そして第一条は「お手伝いなくして、○○家なし」で（笑）

3―ロールの原則＝夫婦で話はそろえるが、役割を分担する

子どもが強く嫌うのは、人の言動の矛盾や二面性です。学校の先生に関しても、もっともマイナス点と感じるのは「エコヒイキ」です。

親に対しても、同じ。

なので、「クールにルールを」なのですが、両親間《りょうおや》で言動を合わせる一枚岩作戦も、大切です。

最悪なのは「叱るポイントがずれる」こと。「叱る」というのは、子育てでの最終手段のようなものですが、これでミスったら取り返しがつきません（第1章

の最初の話「過保護と過干渉」を思い出してください）。

とは言え、すべてのことで情報を共有するのは大変です。だから、ちょっと工夫が必要です。例えば父親が叱るのであれば、

・叱る前に「お母さんはどう言っているのか」を確認する
・「お母さんの言うことを聞かなかった」で叱る

という作戦が有効でしょう。

そのとき、両親（もしくはシングル親と祖父母など）間の連携プレーが上手くできればなお効果的です。

「叱る」の後には「フォローする」が必要なときがあります。でも、最近は母親が「叱る・怒る」後に、父親が「甘やかす」になっている感じでしょうか。それでは、フォローになっていませんし、母親からすると、やってられません。

原因は**父親の「子どもに嫌われたくない」症候群**。甘やかす、ことで短期的にはともかく、中期的にはより嫌われることになるのですが……。

父親（もしくは母親）がなすべき「フォロー」という役割は、アメを与えることでなく、母子（もしくは父子）間戦争の裁定者であり調停者なのです。せっかく戦争までしたのに、子どもに母親の真意が伝わってなければ、伝えねばなりません。逆に、子どもは反省しているのに、母親に十分伝わってなければ、伝えねばなりません。

マウンドで孤軍奮闘するピッチャー（母親）を、内外野総動員してフォローするのが、相方《パートナー》の役割[※65]なのです。

そのための一番の（でも最後の）手段が、「お母さんの言うことを守らなかった」で叱ること。子の言い分は、聞くにしても。

お父さん、頑張りましょう！

※65 シングル母、シングル父、もしくは相方がまったく当てにならない擬似的シングル親の場合、一枚岩作戦は簡単だが、役割分担が難しい。でも分担相手は祖父母でも叔父叔母でも親の親友でもかまわない。

4 エールの原則＝監督でなく、応援団となる

『小さき者へ』という短編集があります。重松清さんの本です。6編いずれも素晴らしいのですが、中でも「団旗はためくもとに」は、子どもの大きな成長と、親の役割の一つを示しているように思います。

主人公は高校に通う女の子。密かに夢を持っています。でも、何もかもがちょっと中途半端。

お父さんは元応援団長。昔の仲間や知り合いにつらいことがあると、酔って帰っても夜中に庭でエールを切ります。フレー、フレェーッ、と大音声《だいおんじょう》を上げます。もちろん近所迷惑です。

お父さんは頑固一徹。娘の中途半端な言動が気に入らなければ、1カ月間口もききません。もちろん娘は、そんなイマドキでないお父さんが、うざったいです。

進路に悩みつつも、その相談をお父さんにはできません。うじうじふらふらするばかり。しまいにお母さんにも言われます。

「お父さんが応援する気になれない相手なんて、珍しい。でも今のあなたじゃ応援する人の気持ちも、わからないでしょう」

「応援するっていうのは、『頑張れ、頑張れ』って言うことだけじゃないの。『ここに俺たちがいるぞ、お前は独りぼっちじゃないぞ』って教えてあげることなの」

「野球でもサッカーでも、グラウンドは選手のものなの。そこにずかずか踏み込むことはできないけれど、その代わりスタンドから思い切り選手に教えてあげるの。『ここに俺達がいるんだぞー、お前は独りぼっちじゃないんだぞー』ってね」

いろいろなことがあり、ある日娘は父の言葉に耳を傾けます。

「後悔のない人生なんてない。でも後悔をぐっと呑み込んでガマンして歩いて行くのが人生なんだ」「それが押忍《おす》の精神なんだ」

娘がそれらから何を感じたのかは、わかりません。

でも、彼女は決意します。これまでの道から大きく一歩、踏み出すことを。

お父さんはその娘の新たな一歩を、文字通り応援団として応援します。大音声を上げて。


親とはまさに、子どもの人生の応援団長なのでしょう。

試合は子どもたち自身のものです。そこに踏み込むのではなく、家族みんなで精一杯応援しましょう。親は応援団長として、応援団をまとめあげましょう。

そして、手を出すのではなく、応援の声を出しましょう。

「ひとりじゃないよ！」と。

それが4原則の最後、「エールの原則」なのです。

ムスメ語録 ❾

「この家を出るとき、持っていくものと捨てるものにわける。
それで終わる。それまでの私が終わる。」

よき応援団となるために

応援団を結成する

ゲームの名は「人生」。プレイヤーは、子ども自身です。

一種の障害物競走なので、やり抜くには知力や体力、そして人間力が必要で、それを鍛える場が家庭や学校なわけです。

日々の鍛錬の場では、親や教師たちが、監督やコーチ、トレーナーとして待ち構えています。

でもさまざまな試合（テストやイベント）において、監督もコーチも手は貸せません。プレーするのは子どもたち自身です。

親として、日々の鍛錬や試合を、しっかり応援しましょう。

応援団の応援団長・副団長は、親自身です。

家庭での鍛錬（ヒマ・貧乏・お手伝いなど）においては、ルールをつくったり、守らせたりもしますが、学校や外での試合では、応援に徹します。

応援にもルールがありますが、その前に、応援団を組織するのが団長たち（親）の仕事です。家族（兄弟姉妹など）の参加は義務ですが、親類や親しい家からも団員を募りましょう。

・誕生日などには、団員の出席を求める
・全員が協力しないとできないイベントを設定する

などでその結束を高めましょう。応援団の中で、多少役割を決めておくのもよいかもしれません。特に兄弟姉妹がいれば、その子たちに頼りましょう。

中学生ともなれば、いっぱしの「子育て」ができるようになります。難しいお年頃の三女ですが、「アオイのフォローは任せて」と長女・次女は自信満々。はい、お任せします（笑）

友だちごと、応援する

さていよいよ応援です。**この応援には、ほめるや叱る、も入っています。でも、**

指示するや代わりにやる、は入っていません。

ここで気をつけるべきことは、子どもたちは、親や教師より友だちとの関係で育っていくということです。

保育所や幼稚園でも一緒です。友だちは、先生のおひざを奪い合うライバルであり、ともに遊ぶ仲間です。

親はそのことをよくわかっています。友だちの影響力は、親よりはるかに大きいのです。だからついつい、友だちを選んだりします。

「Aちゃんとは遊んじゃダメ」とあからさまに言わないまでも、さまざまなプレッシャーをかけることで、親による選別を押しつけようとします。

気持ちはわかりますが、望ましくはありません。

それよりいっそ、**友だちごと応援しましょう**。ほめたり叱ったりしましょう。

子どもとともに戦う、チームメイトとして。

いや、その戦う相手をだって、応援してもかまいません。大事なのは試合に勝つことではなく、よりよい試合をすることなのですから。

子ども時代（＝モラトリアム）の特権は、試行錯誤と挫折経験への受容です。子どもだからこそ、失敗していいのです。仲間とともに、苦労していいのです。

図7 応援団長としての親

２０１０年11月、早稲田大学の斎藤佑樹選手は早慶戦の最終戦を制して、東京六大学での優勝投手となりました。

直後のスピーチで、彼は言いました。

「自分が何を『持っている』か、わかりました」

「それは、『仲間』です」

チームメイトはもちろん、応援してくれた学友たち、さらに敵であった慶應大学の選手たちも仲間だ、と彼は言い切りました。

そう言われちゃあ、仕方ありません。

斎藤佑樹ファンなどとケチなことを言わずに、そのチームメイトも試合相手も、まとめて応援しようじゃないですか。

子どもの自立のために、親が自立する

この本も、いよいよ最終盤。ここまで、わが家の三人娘のつぶやきとともに、

・与えすぎない＝指示、予定、モノ、カネ、安全、答え、勉強、夢

・与えるべきもの＝ヒマと貧乏とお手伝い

・トレーニング＝放牧型イベント（誕生日、旅行、進路、住まい探し）

と、話を進めてきました。

そして最後、気楽に子育てをするために、

・4原則＝クール、ルール、ロール、エールの原則

を紹介し、子どもの人生の応援団となろうと。

応援団の団長・副団長の目的は、子どもの「勝利」ではなく、「自律的な全力プレー」であり、「基礎能力の向上」なのです。

しかし応援される方もさるもの、いつも「あなたはどうなの？」という目で親たちを見ています。

子どもの自立を望むのであれば、親自身が自立していなくてはいけません。子どもに勉強してほしいのであれば、自分も学び続けなくてはいけません。

・しっかり働く、勉強する
・悪口言わない、言い訳しない

でも大丈夫です、心配はいりません。最初から完璧になんていきません。**子どもと一緒に（でもちょっとだけ先に）進めばいい**のです。自立している姿を見せるとは、子どもにかかりきりにならない姿を見せるということなのです。

そういうことで言えば、**子育ての究極の極意とは、子育てに突っ込みすぎないこと**かもしれません。

自分の人生を、楽しんでください。それこそが子育て。

ムスメ語録 ⑩

「私は私のやりたいことを応援してくれるダンナがほしい。」

エピローグ　娘たちからの手紙

2011年2月の私たち

三女より（中1）

今日は授業が4限までしか、ありませんでした。

午後家でゆっくりできるぞ〜、と思って学校から家に着いたら、なんと鍵がありません……。そして、なぜか誰もいない。朝はみんないたのになぁ。

携帯電話も持ってないし、連絡も取れないけど、まあ仕方がない。荷物を置いて、待つことにしました。結局お父さんが3時に帰ってくるまで、2時間、待ちました。玄関の前で座って本を読んでいたから、足がしびれたよ。

でもおかげで、読みかけだった本がずいぶん進みました。『マボロシの鳥』です。今日中に、読み切れるかな〜。

携帯電話がないのは確かにたまに不便だけれど、お姉ちゃんたちもそうだったから、別に文句はありません。

お小遣いは、ほとんど好きな文房具や嵐のＣＤに使ってます。

今は月１０００円なのが、来年は５００円上がるので楽しみです。これはお姉ちゃんたちが昔、交渉してくれたからです。ありがとう。

ただお姉ちゃんたちとは違って、私は将来やりたいことが小学生のときから決まっています。なぜそれにしたのかは覚えてませんが、高校を卒業したら専門学校に行って、資格取って、絶対なります。センスには自信があるので、多分、大丈夫（笑）

応援よろしく、お願いします。

次女より（高2）

私は三谷家の子育ては、イインジャナイかな、と思っている。

小学生のときは、なんだかよくわからなかったけど、中学生になって、金銭感覚のズレてる子とか、口ばかりで腰が重くて動かない子とかを見て、そう思った。

　私は、ちょっと人を手伝うとかが、別に苦じゃなくすぐできる。それは、「お手伝い至上主義」のおかげかな（笑）

　でも、お母さんはまだまだ、甘い。特にアオイに。私ならもっと厳しくする。

　アオイの扱い方も、上手じゃない。もっと大人扱いしなきゃ。お母さんはすぐアオイの発言の揚げ足とるけど、私はしない。だから、なんでも話してくれるのさ。エッヘン。

　あと、アオイがどういう楽しみかたするか、わかってる？

　何かうれしいことがあったら、私たちみたいに、わーって言うんじゃなくて、こそこそって言うのが好きなんだよ。だから、すぐ反応しないからって「喜んでない」って誤解しちゃダメだよ。気をつけてね。

　でもお母さんはダンス、お姉ちゃんは卓球。あれだけ一生懸命になれるものを持っているのは、凄いことだよね。それは、尊敬してる（あ、もちろんお父さんも…！）。

　私にはまだそういうものはないけれど、いつか見つけたいな。

長女より（大1）

この間、みんなで話したときにも言ったけど、私の家庭内での人間性の頂点は、小学生高学年の頃だったと思う。

なんにもできないちっちゃい妹が2人もいて、お使いもお留守番も、私が2人を守らなくちゃ！って必死だった。とってもいいお姉ちゃんだったと、思う。だけどそこがピークで、あとはずっと下り坂かなー。妹たちが、しっかりしちゃって、頑張る必要がなくなっちゃったから、いまは家ではぐだぐだだよね。

でも、外では「よく気がついて、すぐ動く子」なんだよ。ほんとだよ！それに、お父さんもお母さんもいないときとかのピンチのときには、すぐに「頼りになるお姉ちゃん」に変身します。ご安心ください……。

私は、お父さんたちみたいに、厳しく子育てできるかは自信がない。でもそれも、いざとなったら妹たちに頼もうかな（笑）。そして、その分、私は栄養士で稼ぐ！……ムリかな。いや、頑張ろうっと。

5年後の私たち

三女より（高3）

高校生活は、ほぼ勉強漬けの毎日だったけど、それなりに楽しみました。

❶進路

将来の夢は中1の頃からは変わって、ウェディングプランナーです。企画だけやるウェディングプランナーではなく、式や披露宴の企画から準備、当日のお手伝いまで、全部にかかわれるかたちのものをやりたいと思っています。

ウェディングプランナーになるだけなら、いろんな専門学校もあるし、選ぶのも簡単です。でも私はしっかりした大人になりたい。三谷家恒例のお花見（毎年3月末の2日間催されるオープンハウス・パーティ。延べ100〜200人が参加する）で出会う、素敵で面白い人たちのような。みんな、いろいろな勉強を積み重ねてきたからこそ、生き方やその楽しみ方を知っている大人たちです。

私もちゃんと、この世の中のことを勉強したい。だから大学に進学することにしました。

でも、どんな大学や学部がウェディングプランナーにつながるのかわからなかったので、いろいろ調べました。

本だと、ウェディングプランニング会社が社員の紹介をしています。どこで何を勉強してきたか、書いてあったりもします。いっぱい見てみましたが、バラバラでした。学歴も学んだ分野も。

これでは、模試のときに書く志望校・学科も決まりません。高2の夏にいくつかオープンキャンパスにも行きましたが、上手くは決まりませんでした。

どうしようかと思っていたら、お姉ちゃん（サクラ）が面白いものを見つけてきました。「ウェディングプランナー向けの1日研修」です。主催する会社はまさに私がやりたいようなかたちで仕事をしている会社です。行ってみたいと思いました。

参加費が3万円もしたので、これは父に頼みました。「進路を決めるために、この研修に行ってみたいのだけれど、お金出してもらえませんか」と。父はすぐ「いいよ」と。

でも前日に「行く目的はなんだったっけ?」と確認されました。「なるべく多くのウェディングプランナーたちから、その進路やなぜそう決めたのかを聞くこと」と答えたら、「そうだよね。そのためには名刺くらいつくったら?」と。確かに。かわいい手づくり名刺10枚、夜なべしてつくりました。

1日参加して、同じテーブルの5人の社会人・大学生や、講師のみなさんと名刺交換をし、進路の話とかを聞くことができました。成功です。

でもその結論は「振り出しに戻る」でした。やっぱり進路はバラバラだったのです。「とにかく社会人力を高めること」くらいでしょうか。ただ、講師の女の人が面白いことを言っていました。「私たちの仕事には、文系センスと理系センスの両方が必要」「プランを女性に対しては感性で、男性に対しては理性で伝えて納得してもらえなくてはならないから」

そのための学部って?と考えて社会学部にすることにしました。いまの社会の仕組みに関心もあるので。

大学は？ それはこれからの受験結果次第！

❷携帯電話

1年間は受験勉強に集中したかったので、高3になるときスマートフォンからガラケーに替えました。

自分の携帯電話を持つようになったのは高1です。でも私は小学生の頃から、母やお姉ちゃんたちの携帯電話を借りて使ってましたし、父のお下がりのiPod touchで音楽やアプリも使ってました。迷わず、iPhone5を選びました。だって格好いいし（笑）。メニューも英語表示にしたりしてね。

でも、高2の最後に考えました。このままだとマズいなあと。

LINEとゲームアプリが困りものなのです。LINEはお姉ちゃん（長女）がつくった「おやこ」、父だけ抜いた「かしまし」、母も抜いた「しまい」というグループの他に、高校のクラス全員が入っているものや、各種さまざまなグループがあります。私は学校にいる間は見ないので、すぐ未読が溜まります。おしゃべりお姉ちゃんたちのおかげで、「おやこ」だけでも半日100件とか！

やってられません。

LINEの問題はグループだけではありません。友だちとのやりとりが、チャット（おしゃべり）になってしまうのも、大問題です。スタンプ混じりの短いコメントの応酬が、延々と続きます。

家のパソコンは食堂にあるので、それを使い続けることはありません。でも、スマホだとそばにあるのでずっと気になります。リビングで勉強しているときも、自分の部屋でゴロゴロしているときも、つい気になって見てしまいます。

寝る寸前までスマホをやっている私（たち）に、父がある日「携帯電話の充電は居間か食堂で。子ども部屋では充電禁止」というルールをつくりました。それで少しは楽になりましたが、やっぱりそれまでは使いますし、週末はずっとです。

なので元から断つことにしました。ガラケーに機種変更です。

機種変して数日後、「おやこ」グループからもクラスのグループからも、「さらば！」と書き残して退会しました。友だちとのやりとりも、

LINEからメール（お手紙）にしたことで、1日数通ですむようになりました。

ああ、スッキリ。

でも、しばらくして気がつきました。これで首尾よく大学に受かったら、私は大学1年生をガラケーで過ごすことになるのだと……。ま、いっか。

実は私は、お父さんのブログや本に書かれるのが、あまり好きではありません。でも、お姉ちゃんたちは嫌いではないらしい。私もいつか嫌いでなくなるのかもしれません。だからお父さんに「書かないで」とは、言っていません。

さすがに自分で書く気にはなれないので、この文章はお父さんが書いたものです。もちろんチェックはしているのでご安心を。

私の高校ライフ＠東京でした。次は大学ライフ、の予定です（笑）

次女より（大4）

高校3年生の1年間、とっても真剣に受験勉強をした。睡眠時間もそれまでの9時間から6時間に！　勉強法も自己流を貫き、塾にも行かなかった。結局、第一志望には（4点足りずに）受からなかったけれど、後期日程で北大に受かり、それから札幌でとっても楽しくすごしてる。

そういえば、引っ越しは面白かった。そのためだけにもう一度札幌に来るのは面倒だったので、入試の前日にひとりで探して決めた。最初の2年は安さで選んだ。3・4年のときにいい部屋に住むために、月2・7万円で手を打った。ちょっと遠かった（自転車で15分。校舎まではさらに10分）けれど、まあいいさ。

ただ、東京からの引っ越しのとき、布団の手配を忘れていて、3月の札幌（平均気温は最低がマイナス3℃）を布団なしですごすことになった。やっちまった。仕方なく、段ボール敷いてコートをかけて寝ていた。布団が届いたとき、「お布団は偉大だ」と感動した（笑）

それからの私の4年間は、なんといっても「スカッシュ[※66]（インドアスポーツで日焼けしないから選んだ）。そしていま、まさにその最中の「進路」。そして大切な「友だち」についても、書いてみようかな。

❶スカッシュ

このスカッシュは、部活。サークルじゃないマジなやつ。

それまで「先輩後輩」関係を、ほとんど体験せずに生きてきたから、そういうのは新鮮だった。結果、やっぱり面倒くさいから私には合ってなかったかな（笑）

私はいままで総合1位にはなっても、何か専門で1位になったことはなかった。自分でいうのもあれだけど、下手に器用だからすぐちょっとできるようになって、それ以上は目指さない。

でも大学で出合ったスカッシュは違った。週2回練習のハズが、週3、4、5、6、7と、すぐにのめり込んだ。そして2年生のとき、A先輩が私に「北海道地区大会 個人優勝」って（とんでもない）目標を立てさせた。

それまでの私の目標は「RとOと私で（地区大会で）団体優勝すること」

※66 語源はボールが握りつぶせる＝squashから

だった。1年生のときに0が「3人で団体インカレいきたいね」と言ったから。それだけ。A先輩に「団体で優勝したいなら、まず個人で優勝よ」って言われても、「はぁ?」って感じだった。

でもA先輩は私に1年かけて、技術だけでなく「自分がいなくなってからもあなたがひとりで練習できるように」って、自分を強くするための「考え方」を教えてくれた。そのうち徐々に、「一番になりたい。なれる」って思い始めた。

それはそれまでの私にはない(情熱的な?)感覚だった。ちょっと戸惑ったけど、それを受け入れられたのは、お父さんから学んだ、「基本なんでも否定や固執をしないスタンス」のおかげかな。

でもその「スタンス」は、すぐ新しい感覚に飛びつくんじゃなくて、あくまでひとつの考え方として受け入れるもの。情熱は注ぎながらも冷静に、自分が新しい感覚に従ってどう行動するのかを、見ていた。

結局無事、目標(北海道地区 個人と団体優勝!)は達成しましたとさ(ぱちぱち)

❷進路

中学くらいからぼんやりと「建築家になる」と思っていて、建築学科に進学はしたけれど、大学3年頃から（ようやく）、将来をちゃんと考え始めた。

スカッシュが大事だったから大学在学中に留学はしなかったけど「やっぱり海外にいきたいな」とか、「建築士の資格とるなら2年は働かなきゃ」とか、「日本の大学院にいくのもいいな」とか。

でも実は私の夢は「フランスの古いお城に住む」こと。小学生のときから変わっていない。

そうすると、「お城買うためにとにかくお金を稼ぐ」とか、「お城を改修したホテルで働く」とか、「とにかくそういうツテを求めて人とのつながりをつくる」とか、考えれば作戦はいくらでも出てきて、逆に迷子になった（笑）

でも考えているうちに、あらゆる可能性や手段を考えることは大事だけど、他の可能性をいったん捨ててどれかひとつを選ぶのも勇気がいるし、大事なことと思った。どうせどれかひとつしか選べないしね。

それに、「どれ選んでも同じだな」とも思った。同じだなっていうか、他の選択肢を選んだ人生とは比較できないんだし、いまちゃんと考えて自信持って決めれば、どんな道を選んでも絶対後悔しないって。いままでもそうやってやってきた。

私が何か大事なことを決めるときには、私の中に、Ａ「チーム感情」（リトル母上、長女）、Ｂ「チーム理性」（リトル父上、三女）がいて、みんなが話をしてる。

どっちも私だから対立はしてないけど、どっちがより多くの説得材料を集めるかって感じ。そして、結論が出るときは満場一致。だから後悔はない。

❸友だち

私の大学生活は、スカッシュと建築学科。

スカッシュは、すっっっごく楽しいことも、すっっっっごくイヤなこともたくさんあった。建築学科は、すっごく楽しいことはなかったけどそこそこ楽しくて、すっごくイヤなことは一度もなかった。どっちも私には大切な場所だった。

　私はいままで小中高と、友だちいなかった訳じゃない（地元小学校の友だち3人とは、ずっと一緒に遊んでる。というか笑わせてもらってる。ありがと〜）けど、学校外で遊ぶことはほとんどなかったし、卒業したら会わないし、Facebookがなかったら、いまどこで何してるのかわかる人は、ほんとに数人しかいない（笑）

　でも大学生になって初めて、卒業しても大人になってもいつかまた会いたいと思う人たちができた。スカッシュのまおまり（OとR）とW先輩、そして、ひーちゃんとナカタクン。ひーちゃんはいつも一緒にいてくれて、ナカタクンはいつも助けてくれる。

　これはたぶん、他の人からしたら普通のこと。だけど家族がすべてだった私には、すごく大きな変化だった。大学に入学してしばらくは東京に帰省するのが楽しみで楽しみで、札幌に帰るのがすごくさみしかったけど、いつからか帰省が終わって札幌にかえるのも楽しみになっていた。ふふ。

　自分の居場所があることはとても大切なことで、私はそれがいままで家族だけだったし、それが幸せだと思ってたんだけど、永遠にそうもいかないことに気づいてからは、いい意味で執着しなくなった。

ひとりで暮らせるようになるとか、物理的に親と離れるとか、自立ってただそういうことじゃあ、ないんだな。

まだちゃんとはできてないけれど、自立への道をトコトコ歩いています。

つづく。

長女より（社会人2年目）

この5年間で一番大きなできごとは、やっぱり就職活動です。

いまは社会人2年目で毎日楽しく仕事をしていますが、栄養士の仕事ではありません。ネットマーケティングを支援する会社で、日々、地方中小・ベンチャー企業のホームページを改善するお手伝いをしています。楽しいです。

しっかり考えしっかり調べたから、自分に合った仕事を、自分に合った会社でやれているのだと思います。

就活で大切なのは次の3つだと感じました。❶自分の過去に縛られない、❷自分の経験や本当の性格をよく思い出しておく、❸企業側の気持ちになって考える。順に説明します。

❶過去に縛られない

大学3年の臨地実習（病院など施設の食堂で2週間程度、栄養士としての実習を2カ所で行う）で栄養士に向いていないと悟った私は、まず、世の中には他にどんな仕事があるのかを考えました。そして「興味がある仕事はたくさんある」「自分ならきっとどんな仕事でも楽しめる!」とわかりました。

大学での4年間の勉強や修得予定の資格に固執せず、「自分が本当にやりたいのは何か」を考えられたのはよかったです。

❷自分を見つめる

次に、自分自身について考えました。何が好きで、何が嫌いなのか。いままでの人生で楽しかったこと、楽しくなかったこと。これをしっかり思い出したり、考えたりしておくことで、自分のことを理解し、他人にもうまく紹介できるようになります。

白い紙に、好きなことと嫌いなことを100個ずつ書き出して「規則性」をみつけようとしたり、家族や友だちに「私のいいところ、悪いところは?」と聞いてみたりしました。

❸企業側の気持ちになる

就職活動するうちに、「採用活動にはすごくお金がかかっている」ということを知りました。社員2人と1時間面接、部長と1時間面接、社長と1時間面接……入社するかどうかわからない学生に、企業はそんなにお金を使うのか……という驚きと、それだけ企業にとって採用活動が大切だということを感じました。

就職・採用活動では、学生と企業お互いが「優秀さ」ではなく「相性のよさ」を見るとよいと思います。だから、学生は面接で評価されるわけではないと思います。私は、面接官が「自社に合う学生かどうか」を判断できるように上手く自己紹介をすることを目指しました。上手く自己紹介をするイコール「背伸びをする」「話を盛る」ではありません。

なるべく等身大の自分を話すように心がけました。そして、面接官の雰囲気や質問内容などから「自分に合う企業かどうか」を判断しようと頑張りました。

　実は私は面接を受けた企業は6社くらいで、内定をもらった企業は1社です。その1社に入社しました。

　採用活動の大切さと大変さをわかっていたので、軽々に最終面接を受けたくありませんでした。だから最終面接前に「内定をもらったら承諾するのかどうか」を考え、承諾するのでないのならば面接を受けないと決めました。

　そして、最後には高校受験の志望校選びから恒例の「父に報告」です。なぜその会社に決めたのかを整理して、父に伝えました。父は「わかったよ」と言ってくれましたが、注文と質問がありました。「口頭でなくちゃんと紙に書いて」と「大事なことをちゃんと確かめた？」です。

　それもそうだと思い、先方の人事部にお願いして、丸一日の会社訪問をさせてもらいました。採用担当者や社員・社長さんたちに聞いただけの情報に頼らず、ダイジなことを自分の目で確かめる「偵察大作戦」で

す（笑）
社会人になって、いままでより少し遠い未来を考えるようになりました。
昨年婚約をしましたが、結婚したら三谷家の長女としてではなく、妻と母としての人生が始まり、小学校高学年以来の「頼りになるお姉ちゃん」を発揮しなくては、いけなさそうです。
もくもく頑張ります。

2016年5月時点での注釈
・三女は志望校のひとつに無事合格し、京都でのひとり暮らしを始めた。
・次女は紆余曲折あったが、この夏からのフランス留学を目指して自宅で勉強中。
・長女は社会人3年目をスタート。公私ともに楽しそう。

お父さんから、娘たちへ

子育てとはまさに「親と子が共に育つ」こと、「兄弟姉妹・仲間と共に育つ」ことだと、よく思う。

決して、何かを教え込むことじゃない。「共育《きょういく》」ってことだね。

君たちで言えば、親相手もあるけど、姉妹間での学びが一番大きいのじゃないかな。だからこれからもダイジにしな。

お父さんは、君たちがどんな道を歩もうと、健康で楽しくあればそれでいいと思っている。

ただひとつ気にすることは、自分でちゃんと考えて、動けて、自分で歩けること。だから、3人が自立できるための訓練を、続けるよ。ちょっと面倒くさいけど（笑）

このトレーニングはみんなが学校を終えて、自分で稼ぐようになるまで。そこで終わり。あとは自分たちの好きにすればいい。

応援だけはずっと続けるけどね。

おわりに　みなさんの応援団として

子育ては「子育て」と思うから失敗します。「わが子によかれ」と思う親心から来る「過干渉」と「勉強至上主義」が、子どもたちのやる気や自尊心、「生きる力」を奪います。

子育てでなく、職場の部下の「人材育成」と思いましょう。人材育成プロジェクトなのだと。「プロジェクト」ですから、期間も予算も目的もあります。もちろん目的は子どもたちの「自立と幸せ」ですよね。

そのために、もっとも効果的でかつ予算のかからない方策が「ヒマ・貧乏・お手伝い」なのです。

私は教育学者でも、なんでもありません。ただ、ひとりの実践者ではあるでしょう。19年半、戦略コンサルタントとして働いていた間もずっと、「人はどうやったら変わるのか」を試行錯誤してきました。自分たちを鍛えるための研修プランづくりに始まり、若手社員研修、マネージャー研修、外部でのビジネス教育、さらには娘の小学校での授業まで。

家庭でも3人娘父親として、きわめてオーソドックスな（古典的＝イマドキでない）子育てを、さまざま試行錯誤しながら、やってきました。その様子を、個人の公式HP（www.mitani3.com）ブログにときどき書いていたのですが、それがこの本へとつながりました。

プレジデント社の中嶋愛さんブログが読まれていて、ある日、「あの聞くも涙、語るも涙の三谷家の娘さんたちの物語を、本にしませんか」と声をかけてくれました。そしてさらに4年半後、今度は「ぜひ、娘さんたちの『その後』を！」と。

この「三谷家の子育て」が本となるには、中嶋さんの他にも、編集者の三田真美さん、小学校校長の渡部理枝さん、品川女子学院 校長の漆紫《うるし》穂子さんに大変お世話になりました。他にも、多くの方々からリアリティある助言をいただきました。

またこの増補改訂版の制作にあたっては、デザイナーの草薙伸行さん、イラストレーターの久保田美穂さんが、とても素敵な装いを与えてくれました。

改めて、みなさんに感謝します。

そして、もちろん、三谷家の4人の女性陣たちと、わが父母《ちちはは》に。

ありがとう。

この本が、同じように「イマドキでない」ちょっと面倒な、でも実は気楽な子育てに挑む親たちの、助けとなりますように。

あなたはひとりじゃない、ここにもいます。応援しています。

2016年5月吉日　緑深き季節に　三谷宏治

著者プロフィール

三谷宏治

みたに・こうじ

K.I.T.（金沢工業大学）虎ノ門大学院 主任教授（MBA プログラム）。早稲田大学ビジネススクール、グロービス経営大学院、女子栄養大学 客員教授。

1964年大阪生まれ。2歳半から福井で育つ。東京大学理学部物理学科卒業。INSEAD（フォンテーヌブロー校）MBA 修了。19年半、ボストン コンサルティング グループ、アクセンチュアで戦略コンサルタントとして働く。2003 ～ 06 年までアクセンチュア戦略グループを統括。2006 年から教育の世界に転じる。社会人教育と同時に、子ども、親、教員向けに、「決める力」「発想力」「生きる力」をテーマとして、年間1万人以上を対象に授業・講演を行っている。永平寺ふるさと大使、放課後 NPO アフタースクール及び NPO 法人 3keys 理事。著書多数。『一瞬で大切なことを伝える技術』（かんき出版）は啓文堂書店ビジネス書大賞（2012)、『経営戦略全史』（ディスカヴァー・トゥエンティワン）は 2014 年ビジネス書大賞（2014）及びダイヤモンド HBR ベスト経営書 1 位（2013)、『ビジネスモデル全史』（同）は HBR ベスト経営書 1 位（2014)、近著は『ハカる力』（同)、『戦略読書』（ダイヤモンド社)、『マンガ経営戦略全史』（PHP 研究所)。

http://www.mitani3.com/twitter:mitani3

「自分で決めてできる」子どもが育つ

お手伝い至上主義！

2016年6月29日　第1刷発行

著　者　三谷宏治
発行者　長坂嘉昭
発行所　株式会社プレジデント社
〒102-8641　東京都千代田区平河町2-16-1
電話：編集（03）3237-3732
販売（03）3237-3731
装　丁　草薙伸行（Planet Plan Design Works）
イラストレーション　久保田美穂
本文レイアウト　蛭田典子（Planet Plan Design Works）
印刷・製本　萩原印刷株式会社

 ISBN978-4-8334-2179-9
Printed in Japan